気持ちをあらわす「基礎日本語辞典」

JN267049

角川文庫
18627

目次

まえがきにかえて

―偉大な学者の魂の記録

サンキュータツオ

本書の「すき〔好き〕」という項目には、最初に「その行為や対象に心が惹かれ、それに接することによって心に喜びを感ずる状態」と書いてあります。そして、行為のみを問題とする「好き」と対象を問題とする「好き」との二つに分類し、前者は「好きでやっている仕事」「お前の好きなようにしろ」「物好き」のような例を挙げ、「心の赴くまま自由気ままに行為することに満足感や喜びを覚える状態にあること。その結果、その行為に従うことに熱中し、夢中であること」と説明しています。つまり、当人にとって好きな行為も、他人から見れば変わり者のしわざとしか映らないこともあって、そこから「物好き」と言われたり、その行為が迷惑な場合は「好き勝手」と言われたりする、というわけです。ことばの意味の広がり方が手に取るようにわかりますね。

ほかの国語辞典ですと、たとえば「①心が引きつけられ、自分にとってたいせつだと感じられるようす。（略）②道楽や色事への欲が強いようす。（略）③気まま。勝手。」と書いてあります。多くの辞書がこういった書き方で、いきなり三つの意味を並列で説明しています。「自分にとって大切」なものが、なぜ「勝手」とおなじ意味で使われるのか、わかりません。

また、このような記述だと、外国人が、わがままで勝手な人を批判するときに、「あなたは勝手な人です」を「あなたは好きな人です」と言ってしまうことがあり得ます。批判が突然、愛の告白に変わってしまうのです。これはかなり危険です。ここで、冒頭にあげたような解説が頭に入っていれば、「好き」と「勝手」を単純に入れ替えて使用することはないでしょう。

ここで重要なのは、本書では、とり上げているすべてのことばについて、根本にある「中心的な意味」を先に解説し、その「中心的な意味」が、他の用法や別の意味を構成する要素になっている、というように、重層的で立体的な説明をしているということです。

ややおおげさな言い方になりますが、「日本語」にとって、この本の著者、森田良行先生と出会えたことはなによりも幸せな出来事です。およそ三十年前に、森田先生が『基礎日本語辞典』を著してくれたおかげで、「日本語」は、その後多くの外国人が日本語を学習するときにも、きちんと、わかりやすく、根本的なところから意味と用法を伝えてくれるパートナーを得たのです。

これが可能だったのは、森田先生が日本語学だけでなく日本語教育にも早くから携わっていたからです。先生は、まだ日本語教師なる職業（職業にすらならない、国語教員以下の扱いの「役職」だったそう）が珍しかった時代から、外国人に日本語を説明するために、だれよりも長い時間、日本語と向き合いました。日本人が疑問にも思わないような基本的な問題に、外国人たちは次々と直面するのです。「まさか」と「もしや」はなにがちがうのか。「好きな場所」とは言えるのに、なぜ「私は場所が好きだ」とは言えないのか。

誰もが日常的に使う言葉だからこそ説明が必要なのに、あまりにも日常的だからこそ顧みられなかったことばたち＝基礎日本語。

信じがたいことですが、この本の元になっている『基礎日本語辞典』は、「編」でなく「著」となっていることからもわかるように、森田先生が一人で著したものです。通常、辞典を一人で書き下ろすということはあり得ません。それほどに膨大な作業だからです。

しかし、当時、この国に、日本語の基礎語（日常的によく使用することば）のひとつひとつと向き合う情熱と経験と知見のある研究者は森田良行先生ただ一人だったのです。私は、そう思っています。また、理念や分析方法を複数人で共有することのほうが、執筆作業以上に大変であることも森田先生はご存じだったのでしょう。

執筆から四半世紀以上が経った現在でも、日本語の本質は変わっていません。それはこの『気持ちをあらわす「基礎日本語辞典」』を読めばおわかりいただけると思います。

現代に使われていることばでも、自分が学習したときと比べて、語彙や用法が変化しているものもあります。人によってはそれを不快に思うかもしれません。たとえばいま、なんでも「かわいい」と表現する人がいますね。それを聞いて不快に思う人もいるでしょう。本書では「本来は、一人称の主体が、ある下位の対象に対して強く愛し慈しむ気持ちを覚える状態。そのような気持ちを起こさせる対象についても用いる」と最初に説明されています。「下位のもの」と断言しているのは、現在ではこの辞典くらいのものです。ですが、この説明がないと「かわいいおじさん」とか「この建物、かわいい」に違和感を持つ理由がわかりません。ただし「本来は、」と最初に前置きしていることから、本来的ではない使用方法の存在に配慮していることがうかがえます。意味が広がりをみせる可能性を見ているので、下位者を構成する「要素」に対して詳細な記述があります。ここを読めば、現在の使用方法にも納得がいくと思います。

また、このような使用方法の広がりは、姉妹編の『違いをあらわす「基礎日本語辞典」』とも連続的です。近年「全然」が「ない」を伴わずに使われることがありますが、これも『違いを～』掲載の「なんら」の項目にある「全然」の説明を読めば一目瞭然。類似表現の「なんら…ない」「少しも…ない」と比べて使用範囲が広く、強調の意味を持つことがわかりますし、そこから、特に強調の意味が特化すれば、「全然」が肯定文にも使われる可能性があることに納得できるかもしれません。むしろ、ことばの意味が広がっていく瞬間に立ち会えたと喜べるようになるはずです。だからこそこの本は、いつでも「いま必要な本」なのです。

日本語を使う人にとってこんなにありがたい本はありません。これは日本語研究に全身全霊で取り組んできた、森田良行という偉大な学者の、魂の記録なのです。

（芸人／日本語学研究者）

あいにく〔生憎〕副詞　形容動詞

　ある行為を行おうとするとき、それに不都合な状態が生じるというマイナスの状況に用いる。

分析1　「あいにくの雨」「バスに乗ろうとしたら、あいにくなことに細かい持ち合わせがなかった」「〜の／〜な」の形で名詞に係る言い方。「あいにく雨が降っている」「あいにく他に用事があって行かれない」「あいにくと病気で出席できない」などの「あいにく／あいにくと」の形で用言に係る言い方。「あいにくだ。今、持ち合わせがない」「あいにくですが、在庫がありません。またお出かけください」「それはあいにくだったね」と述語になる言い方。さらに「おあいにくさま」の挨拶言葉に至るまで、種々の形を持つ。

分析2　「あいにく」は、何か事をなそうとする当人にとって都合の悪い事態である場合。当人にとって「あいにく」であっても、他者には好都合の場合はいくらでもある。したがって「あいにく」で示される状況は、だれでもが「あいにく」と思う普遍性を持ったものから、常識に反する、きわめて特殊で個別的な場合まで、いろいろ。「あいにくの雨」「あいにく持ち合わせがない」は前者。これだけで十分理解がつく。ところが、「あいにくのいいお天気」とか「あいにくたくさん金がある」などとなると、これは一般常識に反するあいにくの状態なので、これだけの文では理解がつかない。「あいにく」のマイナス状態と「いい天気」のプラス状態とは矛盾概念であるから、一般には両立しない。「雨量測定をする予定だったのに、今日はあいにくのいいお天気」と、マイナス状態となるための状況説明が必要。

分析3 「あいにく」は当人にとってのマイナス状態の生起。「出かけようとしたところへ、あいにく客がきちゃった」は、客にとってのあいにくではない。「あいにく、ぼくの留守中に先生がお見えになったらしいんです」

これも、自分が留守をしたことに対して、あいにくと感じている。

関連語 折りあしく

「折りあしく」は、事をなそうとする時機の具合悪さを言う。場面的な状況が当人にとって好ましくない状態にあること。したがって、

「出発の時間になったが、折りあしく強い雨が降りつけていて、とても出かけられる状態ではない」「さあ、これからテレビ映画が始まるというところへ、折りあしく来客があって、せっかくの映画が見られなくなってしまった」のような例はよいが、

「会議を始めようとしたが、あいにく議長が出席していない」「鉛筆を買いにいったが、あいにくＨＢは品切れだった」

などでは、「折りあしく」はそぐわない。

あえて　〔敢えて〕　副詞

分析　諸種の状況の中で、特にその行為を取り立てて成立させること。行為の取り立てには意志的な場合と、自発的、無意志的な場合とがある。

1 「あえて危険を冒すの愚は避けたい」「あえて言えば……／あえて言わしむれば……」「あえて先方の意に逆らうこともない」
意識的に自己を奮い立たせ、特にそうまでする必要もないのに、行為を進める場合。心理的抵抗を排して積極的に行為を進めようとする意識。「しいて」「無理に」などと近いが、それよりはやや消極的。

2 「あえて恐れるには当たらない」「あえて驚くには及ばない」「あえて悲しむこともなかろう」「あえて遠慮する必要もあるまい」
ある対象に対して、おのずと情意が赴くことを制御する気持ち。諸種の状況から判断して、情意の激しい動きは得策でない、むしろマイナスの結果を招くからセーブすべきだという発想。理性が感性を抑えるわけである。情意の進行を、理性が早いところ否定するのであるから、「あえて……ない」の打消形式と呼応する。「別に」などと近い意味である。

強いて

関連語

「しいて」は、動詞「強《し》いる」からきた語であるから、〝心の進まぬのを無理矢理に〟〝意志に逆らって強引に〟の意味。

「しいて事を荒立てる必要はない」「気の進まぬのに、しいて行けとは言わない」「こんな荒天をついて、しいて事を行うこともなかろう」

〝その行為をするほうがよい、する必要があるにもかかわらず、なんらかの原因で心理的な強い抵抗が生じ、行うことが困難である。そこを無理にも〟の気持ち。「あえて」は、不必要を前提とした行為や感情の進展。「しいて」は、必要を前提としながらも強い抵抗にあい、無理矢理、事をなす状態。

ことさら

関連語

〝普通の状態よりも一段と〟で、「とりわけ」に近い。その状態を特に取り立て、際立たせる意識。強い意志的行為を引き出す場合には、「故意に」の意に近づく。このような意味の発展が見られるため、「あえて」「しいて」などに比べて、意味領域が広い。

「ことさら暑さに弱いというわけでもない」「彼女に対してことさら辛《つら》く当たる」「ことさら問題とするほどのことでもなかろう」「ことさら取り立てて、とやかく批判するのはよくない」

他と区別して、その対象だけを特に別扱いする気持ち。抵抗を押し切って無理に行う意識はない。

あくまで〔飽くまで〕副詞

飽きるまで、すなわち、これで十分だというところまで徹底的に事を行い続ける気持ち。「あくまでも」の形も用いられる。

分析 所期の目的に向かって初志を貫徹する。中途でやめたり、変更したりしない。当然のことながら意志的な行為。

「あくまで戦い続けるつもりだ」「あくまで抵抗する気か」「私はあくまでも中立的立場を守る」「あくまでも意地を張り通す気だ」「あくまで反対する」「知らぬ存ぜぬで、あくまでも通すつもりか」「私はあくまでも潔白だ」「神はあくまでも弱い者の味方をする」

無意志的な行為・作用「あくまでも眠り続ける」「地球はあくまでも回り続ける」、状態「空はあくまでも透き通っている」「海はあくまでも青い」「彼女はあくまでも美しい」「神はあくまでも公平だ」「自然はあくまでも神秘だ」

などは、そう感じ取る話し手の主観が強く現れたものと見てよい。

「地球は永遠に回り続ける」は、客観的に事実を叙したもの。地球の自転が永久的であるという科学的理解。「あくまでも回り続ける」は、〝どんなに止めようとしても、あるいは、いかに事実を否定しようとしても、それでもやはり回り続けるのだ〟という話し手の強い主張となる。だからこそ「私はあくまで船と運命を共にするつもりです」のような言い方が、〝他者がいかに止めようとしても、決して志を曲げはしない〟という強い決意の表現となるのである。

関連語　どこまでも　とことんまで　徹頭徹尾

三語とも似た意味として用いられる。「どこまでも」は「私はどこまでもついていく」のように、「どこ・まで・も」と場所を表すほか、「いつまでも」「最後まで」の意としても用いられる。「どこまでも抵抗する気か」となると「あくまでも」と共通する。「どこまでも」の形はあるが、「どこまで」では意味が変わる。

「とことんまで」は、「とことんまで追求する」「とことんまでやっつける」「とことんまでやらないと満足しない」のように、最後の最後に行き着く所を示す語。「あくまで」のように、〝行《や》いを中途で止めない、挫《ざ》折《せつ》しない、やり通す〟意ではない。〝最後のけりのつくところまで〟の意。だから「あくまで追い詰める」は、〝相手を追い詰める行為を中途であきらめず、いつまでも追い詰め続ける〟行為の継続を、「とことんまで追い詰める」は、〝その先逃げ場のない終局まで追い込む〟行為の終着点を表す。

「徹頭徹尾」は、〝頭から尾まで押し通す〟つまり、最初から最後まである一定の状態を変えずに押し通す。一貫性を持った状態が最後まで続くこと。「徹頭徹尾押しまくって勝った」「徹頭徹尾押しの一手だ」「容疑者は徹頭徹尾黙秘権を行使した」

行為の一貫性は、始めから終わりまで、つまり「終始」の意であるが、状態の一貫性となると、「あくまで」に近づく。「彼は徹頭徹尾善人だ」「徹頭徹尾冷静だ」「全く」「心《しん》から」「骨の髄まで」などに言い換えのきく用法である。外面から内奥まで全部だから、単なる「徹底的」の意の「あくまで」は、「徹頭徹尾」に言い換えることができない。

あながち〔強ち〕副詞

むやみにこうだと断定することは差し控えたほうが無難な場合に用いる。当然、打消があとに続く。「あながちに」の形でも用いる。

分析「あながち悪いともいえない」「あながちそうともかぎらない」「あながちそれが正しいこととも言い切れまい」

「あながち」は、もと「ひたむきに／ひたすらに／いちずに／むやみに」の意。〝自分の意の赴くままに〟で、〝前後の状況から単純にこうだと決めつけたくなる気持ち〟に理性のブレーキをかける場合に用いる。自己や相手の感情を冷静に眺め、抑える理性的な言葉。

関連語　**必ずしも**

〝必ずこうだというわけではない、そうでない場合もある〟の意。

「梅雨だからといって、必ずしも雨が降るとはかぎらない」「金がある人、必ずしも幸せとは言えぬ」

ある条件が備わったとき、必ず一定の結果が現れるとはかぎらないという、客観的な判断。

「人の物を無断で借用したからといって、（あながち／必ずしも）悪いとは言いきれない」

「あながち」は、〝悪いと決めつけたくなる感情を、単純に認めることはどうか、諸般の事情から推せば、それが悪いということを無条件に認めるわけにはいかない〟。「必ずしも」は、〝無断で借用することすなわち悪、という因果関係は普遍的なものではない、悪でない場合もある〟という客観的判断。

関連語 **一概に**

「一概に」は〝総《すべ》ての例をひっくるめて、みな等しく〟。どんな場合でも他人の物を無断借用することは例外なく悪いとはいえない、の意のとき「一概に」を用いる。例外も多いという含みを持つ。「必ずしも」にきわめて近い。

関連語 **まんざら**

「むきになるところを見ると、まんざら嘘でもなさそうだ」「まんざら捨てたものでもない」「まんざら悪くもない」「これだけの答案が書けるところを見ると、まんざら馬鹿とも思えない」「まんざらいやでもない素振り」「まんざらでもない様子」

つまり、まだかなり関心が残っており、完全に否定しきっていない心の状態。ある判断を下すには余りにも反証的要素が多すぎて、むしろ逆の判断に変えたほうがよいくらいである状態。あるいは後者の判断のほうが正しいかもしれないという曖昧《あいまい》さを残した状態。すなわち「まんざらAでない」は、「あるいはその逆のBかもしれない」という気持ち。「かなりBだ」である。

あやしい〔怪しい〕形容詞

不思議な威力を秘めているというのが本義。そのような状態は人知を超えるため、なぜかよく分からない、そんなとき生じる気分に「怪しい」を使う。

分析 不思議さ「怪しい力が湧く」、変だなと疑うようないぶかしさ「怪しい人物」「怪しい挙動」、それが分からないために起こる無気味さ「怪しい足跡」「怪しい物音」、このような不可解な気分を対象から感じるとき、その対象を「怪しい」と取る。だから、「怪しい」で示される状況はいずれも、好ましくない、できれば避けたいようなものであり、マイナス評価の感情である。

このような感情は、原因が不可解なために起こる気分で、その原因や事実を知ってしまえば、怪しくもなんともない。つまり「怪しい」は、その物の属性ではなく、その物に対する受け取り手の一方的な感じである。

事実がはっきりしないため真実や真相はまだ分からないが、結果的にはマイナス評価へと傾くかもしれない、あやふやな状況に対しては、断を下すこともできず、不安定で信用できない気持ちになる。そのようなとき、「彼の語学力は怪しいものだ」「怪しい腕前」などと「怪しい」を使う。さらに、マイナス評価の傾向へと進んでいく気配を強く感じる場合にも使う。「怪しい空模様」「怪しい雲行き」など。

関連語 **疑わしい**

「疑わしい」は、「AかBか疑わしい」の形でよく用いられる。「今のままでは三月に卒業できるかどうか疑わしい」など。対象に対して、それがAであるか、その逆のBであるか、確かでないという気持ち。「怪しい」のような、対象となるものの真実や真相が不明なために抱く不可解な気分とは全く異なる。だから「怪しい物音がした」を「疑わしい物音がした」とは言い換えられない。

いっそ 副詞

行き詰まった現状をどのように打開していくか、種々選択に迷ったあげく、現段階から一足飛びに異なる次元の結論に短絡してしまうとき発する語。

分析 「いっそ」は「一層」から出た語で、現段階より一段上へと飛躍する意味である。論理の筋道に従って方向決定がなされず、いきなり一段階上へと論理が飛躍することを表す。「いっそ」「いっそのこと」と、二つの形がある。

「勉学に対する意欲を失った。いっそ退学してしまおうか」「くよくよ悩んでいてもしょうがない。いっそ何もかも忘れて大いに飲むか」「何をやっても八方塞がり。いっそ死んでしまいたい」

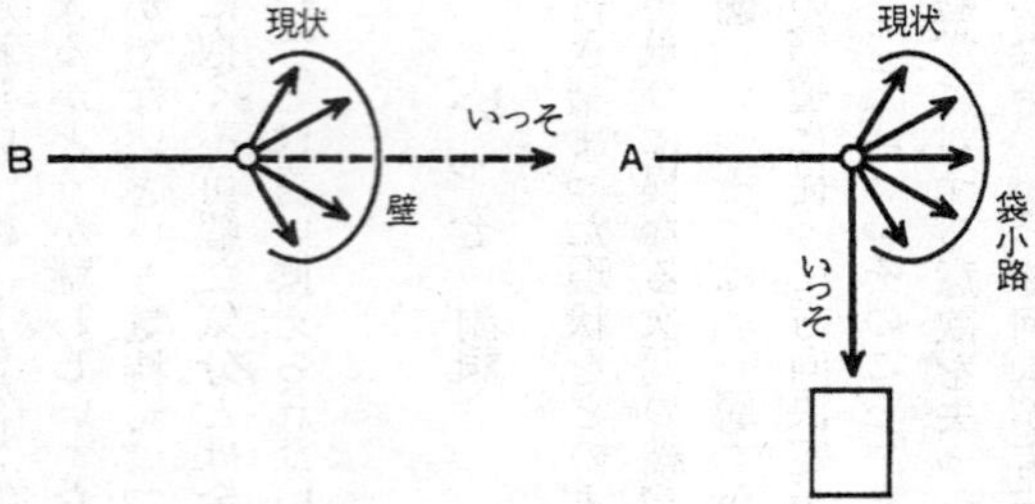

現状で考えられる手段や方向がいずれも厚い壁にぶつかり、何をやっても袋小路、あせりと悩みはつのるばかり。思考の道筋が行き止まりである以上、いたずらにあがいても意味がない、いったん思考を打ち切って、この際思い切って全く別の世界に逃避してしまおう、と考える。この場合、「退学する／飲み明かす／死ぬ」という逃避によって袋小路から脱出する解決法（A）もあれば、「黙っていてもこちらの意思は相手に通じない。いっそ思い切って打ち明けてしまおう」のように、道を塞ぐ厚い壁を一か八か突き破ってみようとする解決法（B）もある。Aは消極的な逃避の思想である。自暴自棄のとらせる行為で、「ええ、ままよ」とやけっぱちになり、冷静さを失っている。Bは積極的な打破の思想である。大変な勇気を持って行う決断であり、「思い切って」の発想に通じる。

Bはまた「鳴かぬなら（いっそ）殺してしまえホトトギス」式の物騒な思想へとつながる。

関連語　むしろ

「浪人するくらいなら、いっそ進学をあきらめて、会社勤めをするよ」「いっそ」は文脈によっては「むしろ」と置き換えることができる。「むしろ」は、ある状況が最も適切であると思えず、より適切な状況を提示する表現である。二つの事物・状況を比較して後者をより適切と認定する。したがって、「浪人するくらいなら、むしろ、会社勤めのほうがましだ／会社勤めのほうを選ぶよ／会社勤めのほうがいい」のように、選択する言い方となる。この場合、話し手は、浪人も会社勤めもどちらもあまり歓迎していない。いずれもマイナス評価の状況だが、〝どちらかと言えば会社勤めのほうがややまし〟という気持ちである。「いっそ」は一方がだめと分かり、思い切って全く別の道に進むという決断の気持ちであって、特に両者を比較してはいない。

うらむ〔恨む〕　他動詞

他者から受けた仕打ちに対し、それを不当なこととして不満に思いつつも、仕返しすることもできず、その人に対していつまでもそのことを根に持つこと。名詞形「恨み」形容詞「恨めしい」の派生語を造る。

分析 (1)人間を対象とする場合

「金を貸してくれなかったからといって、恨んではいけないよ」「彼は自分を推薦してくれなかったと言って先輩を恨んでいるのです」「人に恨まれる覚えはない」「彼女は優が取れなかったので、先生を恨んでいる」「病気が悪くなったからといって医者を恨むのはよくない」

恨む対象は人間である。「罪を恨む」のような言い方はない。ただし、他者の直接行為や態度「冷たい仕打ちを恨む」「冷たい態度を恨む」のような言い方なら可能である。その相手の行為や在り方が直接・間接自分に不都合な結果を招いたとして、その行為ではなく相手の人間に不快感・不満感をいつまでも持ち続けるわけである。ということは、そのような精神的マイナス状態を相手に直接ぶつけることで解消できない状況にある場合で、相手が上位者ないしは文句を言ったり仕返ししたりできない関係にある場合である。以上のことから「Bを恨む」のBには上役・社長・先生・主人・主君・親・先輩・医者・監督などが立つことが多い。「子供を恨む」など、親が老人になったのならともかく、さもなければよほどの場合である。なお、人間以外でも「神を恨む」のように神仏も恨む対象となりうる。「七十の坂を越して、天をも人をも恨まずという心境にやっとなれた」(1)の「恨む」は「怨む」とも書いた。

(2)事柄を対象とする場合

望みや期待通りに事が運ばず残念に思うこと。また、せっかくのチャンスを逃がし惜しい気分になること。自身の招いた結果にも、他者の事柄に対しても用いられる。「チャンスを逃がしたことが返す返すも恨まれてならない」「大事な場面での失敗が恨まれる」のように自発の助動詞「れる」を伴うことが多い。また古い文語的言い回しとして「恨むらくは……」というのもある。これは「惜しむらくは……」などと同じく漢文訓読調である。「恨むらくは生前師にまみえて親しく教へを乞はざりしことなり」〃遺憾なのは〃〃残念なのは〃の意である。(2)の「恨む」は「憾む」とも書いた。意味は〃悔やむ〃にほぼ相当する。「逸機が恨まれる／逸機が悔まれる」とどちらも可能で、現代ではむしろ「悔やむ」を普通に用いる。失敗などを後になって残念がる気分だからである。ただし「恨む」(2)は自身の招いたマイナス結果だけとは限らず、たとえば、春、桜の咲くのを待ちわびていた老父が、春の来るのを待ち切れず寿命が尽きてしまったような場合、「春の遅きを恨む」「春の到来の例年になく遅きが恨まれる」「桜を見ずに逝きしことが恨まれる」と、自身に責任のない他者の上のことについても使える。これに対し、「悔やむ」はあくまで自らが招いたマイナス結果に対して後になって悔しがる場合である。なお、人の死を惜しんで弔う場合の「悔やむ」「お悔やみ」などは別である。⇩くやしい（七〇頁）

うらみ

関連語

⑴人を恨むことや恨む心を表す

恨みを……買う、いだく、晴らす、のむ、言う、受ける

恨みに……思う

慣用的な言い方を造ることが多い。「人の恨みを買う」「恨みをのんで無条件降伏する」「年来の恨みを晴らす」「恨み骨髄に徹する」「恨み言《ごと》を並べる」

⑵その対象に不満を抱き残念に思うこと

結果的に、その対象に欠点があると判断しているわけである。「恨みがある」の形で用いることが多い。

「未熟の恨みがある」「頭は良いが、勤勉さに欠ける恨みがある」

関連語 にくむ　にくい　にくらしい

「憎む」は他人や他者の上の事柄に対して不快感を持ち、しゃくにさわったり、腹立たしく感じたり、ねたましく思ったりし、できればそれを否定したい気持ちで忌みきらう感情。「恨む」と違って、特に相手からひどい仕打ちを受けたりしなくとも、何となく性が合わないというだけで人を憎むこともあり、相手が分不相応に恵まれているゆえに憎むということすらあり得る。「薄情な夫を憎む」は相手の仕打ちに対してであるが、「人の幸運を憎

む」「私の方が成績がいいというだけで、あの人は私を憎んでいるんです」は、特に相手から何か悪い仕打ちを受けたわけではない。こうなると「ねたむ」「羨やむ」に近づく。

⇩うらやましい（二九頁）

「この恨み、憎んでも憎み切れない」「罪を憎んで、人を憎まず」のように、「恨む」では受けられない事柄も目的語となることができる。「憎み、憎しみ、憎まれ役、憎まれ口、憎まれっ子（世に憚《はばか》る）」などの派生語を造る。

「憎い」は、こちらがしゃくにさわり、やっつけてやりたいほど不快感を持つことで、そのような状態に相手があることが「憎らしい」である。マイナス状態ばかりではなく、いやでも感心せざるを得ないあっぱれなプラス状態に対しても用いた。「心憎い」である。「憎っくき剛の者」「憎らしいばかり美しい人」「なかなか憎い振舞いだ」「栗《くり》がはね、憎い猿めがやけどした」（猿かに合戦）、「ほんとに憎らしいったらありゃしない。私が失敗したら、おめでとうですって」

「憎さ、憎げ、憎らしげ、憎々しげ、憎しみ、憎たらしい、憎々しい」などの派生語を造る。

うらやましい　形容詞

他人の現在の状況が、わが身にひき比べてはるかに勝り恵まれていると感じ、そのような恵まれた相手の身の上は結構で大変幸せなことだと、あこがれの気持ちで思う感情。動詞「うらやむ」（羨む）から派生したことば。

分析1 「うらやましい」という以上、恵まれたプラス状態にある（と思える）他者と、うらやましく思う主体との状況比較意識が根底にある。つまり相手の能力や、現在置かれている身の上や、相手が獲得したある結果などを自身のそれと対照してみて、相手の方がいい状況にあると思われ、そうでない自分の方が相手よりみじめで恵まれていないという格差意識に発している。平均値的な自身に対し、相手の方が標準を上回るプラス状況にあるという場合だけではない。自分も相手も共に標準をはるかに上回る（もしくは下回る）状態にある者同士でも、両者に格差ありと感ずれば〝うらやましさ〟は起こる。要するに〝うらやましい〟と感じる底には、相手の能力や、身の上や、生活状態や、環境、記録、成績などにおいて自分よりプラスの状態にあるという認識、下から上を望んであこがれ、自分もそうであったらよかったのにという羨望や、時にねたみの感情を伴っている。

分析2 うらやましさを催させる事柄としては、大きくみて、天性の長所、獲得した力、現在置かれている身の上、何かを行った結果などがあげられる。

1、天性の長所、獲得した力……生まれ、育ち、美貌、才能、能力、学力、健康、家柄、財産、権力、地位、学歴、肩書など

2、現在置かれている身の上……環境、家庭、家族、生活ぶり、仕事、精神的安楽、交友

関係、暇があること、家屋など

3、行った結果……成績、記録、勝利、成功、受賞、昇進、出世など

「彼女のあの美貌はうらやましい」「うらやましいほどの美声」「こんな立派なお部屋で、うらやましいこと」「皆がうらやましがるほど夫婦仲はむつまじかった」「使い切れないほど金があるとは、うらやましいことだ」「暇をもてあますとは、うらやましい限りだ」「人にうらやまれるスピード出世」「希望の大学に入れるなんて、うらやましいことだ」「戦災にあわなかったとはうらやましい」

個人対個人でなくとも「うらやましい」は使える。

「議員の生活がうらやましい」「私たちの国の人々は皆、日本人をうらやましく思っております」

人が人、ないしは人にかかわる事柄をうらやむのが本来であるが、「自由に空を飛べる鳥がうらやましい」のように動植物や物もうらやましさの対象となることがある。

分析3　言語主体者の感情は「私は彼がうらやましい／あなたは彼がうらやましいですか」のように形容詞終止形を用いることができるが、第三者の感情は「彼女は彼をうらやましがる」のように「－がる」を付けて動詞化するか、「彼女は彼がうらやましいのだ」のように「の」を付けて表現を客観化しなければならない。これは「うれしい、悲しい、楽しい、懐しい、恋しい、くやしい、恨めしい」などと同じ感情を表す形容詞だからであ

る。⇩－がる（五九頁）

関連語 ねたましい

動詞「ねたむ」（妬む）から派生した形容詞で、他人の現在の状況が、わが身にひき比べてはるかにまさり恵まれていることをくやしがり、そのような好ましい状態にある他人の幸運さを好意をもって受け止めず、むしろ憎む気持ちで受け止める感情。「そねむ」もほぼ「ねたむ」と同じ意味で用いられるが、形容詞形を持たない。「ねたましい」は他人の上のことを自己とひき比べて考え、相手が恵まれていることをあこがれの気持ちで受け止める点は「うらやましい」と共通するが、「うらやましい」が善意に発する感情であるのに反し、「ねたましい」は悪意に発し、できることなら相手と自分が入れ替わればよいと思うほど相手の幸運を嫉妬する気持ちである。それだけに「うらやましい」に比べて使用される範囲は狭い。「自然を満喫できた昔の人がうらやましい」「国土の広い中国がうらやましい」を「ねたましい」に換えることはできない。このような悠久で大きな恵みに対してではなく、個人的な長所や幸運、それも分不相応な幸せや、不当な幸運、自分も同じようになっていても不自然でないにもかかわらず相手ばかりが幸運に恵まれていることに対するくやしさが底に流れている。友だちが努力して立派な成績を収め総代に選ばれたのは〝うらやましい〟ことではあるが、特にねたましくはない。もし、これが、自分も友だちとほぼ同じ成績を収めたにもかかわらず、友だちは先生にかわいがられていたため、ひいきから彼ばかりが皆の賞讃を浴びたとすれば、ねたましく思うであろう。「ねたむ／ねたましい」にはこのような不純な心が流れている。

うるさい　形容詞

平静な心理状態でいられないほど対象がしつこく、わずらわしく感じられるようすに言う。マイナス評価の語。

分析1 「うるさい」は、うるさい対象とそれを「うるさい」と受け止める人間との両方の状態を表す。「うるさがる」のような、受け手側の心理状態を言う言い方もできる点で、話し手自身の感情を表す面が強い。それと同時に、「うるさい親父」「うるさい音」などといった、そう感じさせる対象の属性としてとらえている例も多い。

「うるさい」は、感じ手の心理のカメラに投影した状態で、人間を除外して客観的にうるさい事物などありえない。「うるさい音」といっても、音の大きさとは無関係なので、何フォン以上がうるさく感じられるかと、うるささの不快の度合いを測定することは困難である。工事現場の騒音やジェット機、オートバイのたてる爆音はもちろん、蚊の羽音や真夜中の時計の時を刻む音など、低く小さな音でも耳についてうるさく感じられることがある。また、「隣家の風鈴の音がうるさい」のように、人によって感じられるうるささに相違があり、感じ手の心理が問題となる点で「やかましい」と異なる。

分析2 対象が人間に与える「うるささ」には、いろいろある。心理的な強い不快感の要因としては、

(1)煩わしい事柄・事件……「うるさい問題を持ち込む」「うるさい世の中」

(2)物の余計な有様・状態……「ごてごてとうるさい装飾」「髪が長くてうるさいから切ろう」

(3)しつこく、いらいらさせる人間・動物の行為や行動……「うるさくつきまとう」「うるさく要求する」「近所の目がうるさい」「警察がうるさい」「うるさい蝿だ」

(4)小言……………「うるさい親父」「口うるさい」

(5)音……………「うるさいジェット機の爆音」「ラジオがうるさくて話が聞こえない」「眠れぬときは時計の音でもうるさく耳につく」

いずれも自分に向けられた、または自分が受け止めた事柄に対し「うるさい」と感じている。それも瞬間的なことや一時的なことにはあまり言わない。「ドカーン」という爆発音は「うるさい」ではなく、「大きな音」である。継続的に、あるいは間欠的にしばしば起こる煩わしい状態に使われる。

関連語 **やかましい**

「やかましい」も不快感を与える点で共通する。しかし、「やかましがる」と言えない点からも分かるように、「うるさい」より客観性の高い語で、その事物が受け手に対して厳しく、容赦・手加減のない激しい状態である。「やかましい音」「やかましい泣き声」などの音量、「時間にやかましい人」「しつけにやかましい親」「やかましい取り調べ」「やかましい規則」「やかましい行儀作法」「そんなやかましいことを言うな」などの厳格さ、「やかましく要求する」などの行為に言う。

このように「やかましい」は、音、音声、言語、文字を伴う場合のうるささ、厳しさに限られ、それ以外の状態には使えない。「うるさい」⑵・⑶の「うるさい装飾」「うるさい髪の毛」「うるさい蠅」「うるさくつきまとう」など、状態や無言の行動だけの場合は「やかましい」で表せない。

関連語 **騒がしい　騒々しい**

これらの語は、より客観的に大きな音のさまを言う語で、不規則な複数音に対して用いられる。受け手の心理状態や感情はあまり強く現れない。「世の中が騒々しくなった」「騒がしい世の中」のような、平静・平穏でない状態にも用いられる。周りの環境や状勢・状況が落ち着きを与えない状態を言う。音・声に用いるときは、一定リズムの音や、瞬間的な音には言わない。「デモ隊の騒がしい叫び」「騒々しい人込みの中を行く」「マイクの前でがなりたてる騒々しい声」など。

うれしい　形容詞

自己にとって望ましく都合のいい状況、期待どおりの状態に接し、また、そうなったことを知って喜ばしく感じる気持ち。

分析「うれしい」は、ある状況に接し、それと自己とのかかわり合いにおいて、晴れやかな明るい気持ちになる場合に使う。一般に、反対語として「悲しい」を立てるが、「悲しい」は特に自己とのかかわり合いにおいて起こる感情とはかぎらない。

うれしい気持ちを起こさせる原因か、こちらがうれしいと受け取る内容を持つものを文面に出す。

(1)「父の病気が治ってうれしい」「遠足の日がいいお天気でうれしい」……うれしさを起こす原因

(2)「あなたのご親切が身にしみてうれしい」「心のこもった贈り物、うれしく頂戴いたします」……うれしさを起こさせる主体

(3)「うれしい便り」「うれしい知らせ」「そんな見え透いたお世辞、ちっともうれしくな

い」……うれしく思う対象

「うれしい」で文面に出す原因・内容は、感じ手であるこちらにとって喜ばしくありがたい(1)状態、(2)事物、(3)内容である。また、自己を離れて「うれしい」は成り立たない。(1)の場合、「ストライキが無事解決してうれしい」「日本で世界の名画展が催されるなんてうれしいね」のように、自分の行動に直接関係ないような事柄もうれしさの原因となりうるが、「うれしい」を使うことによって、自己の心とかかわり合いができる。「うれしい手紙」も合格通知とか、祝い状など、受取り手に利益のある内容の手紙である。たとえ差出し人側のニュースであっても、それが受取り手の利害にかかわってくれば「うれしい／困った／迷惑」などが使える。「悲しい」の場合は、「悲しい手紙」「悲しいニュース」「悲しい報《しら》せ」など、直接こちらに利害が及ばないことでもいい。「大統領死去の悲しいニュース」「お父上様ご死去との悲しい報せに接し、何ともお悔やみの申し上げようもございません」（出生の場合は「うれしい」よりも、むしろ「めでたい」）

その事柄が人々に等しく悲しみの情を与えるような性格であればなんでもよい。だから、「悲しい音楽」「悲しいメロディー」などのように、悲しみのムードを持っただけのものでも「悲しい」で表現される。「うれしい」の場合、こちら（自己）がうれしいと受け取る事柄・内容に限られるから、自分とかかわりのない単に〝うれしいムード〟を示す「うれしい音楽」や「うれしい曲」などの言い方は、ふつうには用いない。（この場合は「楽し

い」や「明るい」を用いる）
こちらがうれしさを喚起されるものは、⑵自己へと向けられた、喜びを与える事物「うれしい親切」「うれしい贈り物」など。⑶自己へと向けられた、喜びを知らせる内容のもの。当然、言語を手段とする。「うれしい手紙」「うれしいニュース」など。言語によって事柄を伝え、うれしさを喚起させても、こちらに直接向けられたコミュニケーションでないかぎり「うれしい」は使えない。いくら楽しい内容でも「うれしい小説」「うれしい漫画」とは言わない。（「面白い」や「愉快な」を用いる）
また、「うれしい」は内容を指す語なので、動詞に係って「うれしく思う」「うれしく感じる」となる場合も、「うれしい」は、思い感じる内容を指す。「母上のお手紙、うれしく拝見いたしました」は、拝見のしかたがうれしいのではなく、拝見した内容をうれしいと思っているのである。したがって、「うれしさ」を喚起するような内容を含まない行為には、「うれしい」は係らない。「うれしく遊ぶ」「うれしく歌う」などとは言わない。このように動詞に係る「うれしい」も内容を受ける点では「うれしい報せ」など事柄に係る場合と全く同じである。「楽しい」は、「楽しい報せ」では内容を指すが、「楽しく遊ぶ」「皆で楽しく歌いましょう」など動詞に係ると、行動を形容する。また、「うれしい」は事柄や内容に対する即事的な感情だが、「楽しい」は継続する状態を表す。⇩たのしい（一二八頁）

おいそれと　副詞

ある行為をする必要に迫られた場合、なんらかの理由や障害があって、すぐさま実行に移すことに抵抗があるさま。「おいそれと……ない」と否定表現と呼応する。「おいそれとは」の形も用いる。

分析 対他者の関係においては、依頼を受けた場合など〝はい、それでは、ただ今〟とすぐに応じられない状態(1)。また、必要や欲求に迫られても、簡単には行えない状態(2)。対自己においては、当人が自ら必要に迫られた場合などに、すぐさま実行に移さない状態(3)。

1 「保証人になってくれと言われても、おいそれとは引き受けられない」「いくら頼まれても、おいそれとは教えられない」「どんなに金を積んでも、おいそれとは譲れないよ」「百万円の大金を、おいそれと貸すわけにはいかない」など。また、「いくら頼んでも彼はおいそれとは教えてくれない」では、話し手と話題の主(彼)との関係の中で、彼の簡単に応じられないという気持ちを、話し手が、自分の心情に引き当てて表現している。

2 「相手は防御《ガード》が固い。おいそれとは攻め込めない」「そんな大事業、おいそれとは完成しないだろう」「ここに隠しておけば、おいそれとは見つかるまい」

③「時間がきたというのに、おいそれとは腰を上げない」
当人の、なかなか実行に移さない様子を、第三者が傍観した形で表現する。

おかしい　形容詞

普通と異なる状況に接して心の緊張がほぐれ、笑いたくなるような気分である状態をいう。

分析1「おかしい」は対象から各自が受ける感情なので、個人差がある。同じ事実に対しても、おかしいと感じる人と感じない人とがあって当然。ふだんはおしゃれでない人が、たまにしゃれっ気を出せば、知っている人には「おかしい」であろう。「おかしい」とは、(1)外面に現れた様子、表情、態度、仕種《しぐさ》、言葉、口調、格好などが、普通と異なるところから生じる、罪のない笑いを誘う感情で、かなり本能的、生理的現象に近い。「おかしくて、おかしくて、笑いが止まらない」「失礼な！　何がおかしい」「父親そっくりの口調が実におかしい」「剽軽《ひょうきん》な彼の、おどけた仕種がおかしい」のように、笑わずにはいられない反射的気分が「おかしい」である。
このように、そのものがふだん持っている様子と異なるために喚起される一時的なおかしさは、その場かぎりの感情である。

一方、⑵ある事物が一般の様子と異なるために、常に人々を笑わせる状態である場合、そのおかしさは、その事物の持つ特徴の一つとなる。一時的な個別的感情ではなく、対象が持つ普遍的なおかしさである。

「とてもおかしい笑い話」「ピエロのおかしい仕種」

笑い話や仕種自体がおかしさを属性として持っているとみるのである。

⑴⑵は厳密には区別しにくい。「おかしい人」と言ったとき、⑴その時に何かがおかしいと感じられるような人とも、⑵だれからもおかしいと思われるような人物とも解釈できる。⑴は、それをおかしいと感じる人（ここでは一人称、話し手自身）が主体となって、「私ハ……ガおかしい」の文型をとる。疑問文なら、「君ハ……ガおかしいか」と二人称も立つ。「……ハ……ガおかしいのだ」「……ハ……ガおかしいのだろう」と「の」を伴えば二・三人称にも用いられるが、本来「おかしい」⑴は話し手自身が感情主体となる主観的な形容詞である。⑵は「××ガおかしい」「おかしい××」形式で言うことが多い。

関連語　こっけいな　おもしろい

その対象が属性として人を笑わせるような性質を持っている「おかしい」⑵は、「滑稽《こっけい》な」「面白い」と相通じる。ただし、「滑稽な」は、人の言動が普通の常識的なありさまと違うために生じるおかしさなので、人間的な事柄以外には使えない。「おかしい話」「おかしい語り口」「おかしい仕種」は「滑稽な」でも言い表せるが、「おかしい格好の石」などは言い換えがきかないようである。「滑稽な」は、そのものの持っているおかしい性質(2)を表し、おかしいと受け取る感情(1)は表さないから、「いかにもおかしそうに笑う」など、(1)の例は「滑稽」で言い換えられない。「滑稽な」は、常識から極端に外れた、ゆがんだ状態に対するおかしみなので、マイナス評価の語である。

「滑稽な話だ」「道化師まがいの仕種が、いかにも滑稽だった」「操り人形もどきの自分が、なんとも滑稽なものに思えてくる」など。

「滑稽」が表す意味は、当人には残酷だが、他人から見るとおかしい状態や、ちぐはぐな対照からくるおかしさ、ナンセンスでばかばかしいおかしさなど、いずれもマイナス評価の内容を持つ。

一方、「面白い」は、ほぼ「おかしい」と対応してどの例にも当てはまるが、「おかしい」「滑稽な」が、事物の一時的で表面的な状況から受ける感情であるのに対し、「面白い」は事物の内容が人に興味を与える状態で、情的よりも知的な作用であり、プラス評価の語である。「面白い小説」「面白い人物」「面白い格好の松の木」「花の生け方が面白い」など、〃興味を引きつけ楽しませる、風流、趣深い〃などの意味を表し、これらは、いずれもプラス評価の内容を持つ。⇩おもしろい(五五頁)

分析2 「おかしい」(2)は、〃これは面白い〃と愉快な笑いを起こさせるような、一味ちがう特徴を対象が持っていることである。これはプラス評価であるが、一般と異なるために笑いを起こさせる事柄や様子は、下落すれば苦笑や嘲笑の的ともなり、(3)一風変わっていること、に通じる。こうなると、マイナス評価へと転落しやすい。「おかしい身なり」「流行おくれのおかしい服装」、さらに、普通と異なるが、その理由が分からない、変だ、不可解だ、現状が疑わしい、怪しいなどの強いマイナス方向へと進んでいく。「機械の調子がおかしい」「頭がおかしい」「おかしい素振り」

関連語　**おかしな**

体言に係る場合、「おかしい人／おかしな人」二種の言い方が成り立つ。(連体形以外は見られない)「おかしな」は、もっぱら「おかしい」(3)の〝変な〟の意にのみ用いられ、〝滑稽な〟の意を持たない。

おこる〔怒る〕自動詞

他者の行為や態度・仕打ち、まれに自身に原因する事柄が意に添わない、許せない、不当である、しゃくにさわる、悔しい、ばかにしているなどの理由で感情がいら立ち、我慢できなくて一時に外に表す。憤慨すること。

分析1　怒るには幾つかの原因がある。

(1)他者がこちらの思わく通りに動いてくれなかったとか、行為をしくじったとか、正しくない良くないと判断されることをしたというような、怒る主体の意識の中にある基準に照らして、相手の行為や態度がはずれているために生ずる腹立ちである。それも「青筋を立てて怒る」「顔を真っ赤にして怒る」「目を釣り上げて怒る」「髪を逆立てて怒る」のように表情や様子に表したり、相手を故意に無視したり、態度に不満・不愉快の様子を示したり、さらにはその相手をののしったり、大声を出して不満をぶつけたり、荒々しい行動に及んだり、時には相手を叱りつけたり、暴力を加えたりするという、平常と違う荒れた態度や言動に出る場合が多い。ということは、同じ情況に立ち至っても、それを我慢して堪える「恨む」とは正反対の、強者の行為である。「怒る」(1)は自分を相手より上位に位置づけた行為である点に特色がある。⇩うらむ（二五頁）

なお、「先生に怒られた」のような、その相手に直接右のような行動をぶつける「叱る」と共通する行為でなくともよい。相手のいない場所で一人で怒ることも十分可能である。「一人でぶつぶつ怒っている」のように。この点が「叱る」との大きな違いである。

(「叱る」は他動詞)

「言うことを聞かないので怒る」「人を馬鹿にした態度に怒る」「約束を破ったといって怒

っています」「頼んだ通りにやってくれなかったので、つい怒ってしまった」「生徒が勉強しないので先生は怒っている」「息子の成績が悪いので父親が怒った」「ちっとも手伝ってくれない。怒るまいとしても、つい怒りたくなる」「ああ冷たく扱われちゃ、怒らない方がどうかしている」「遅刻したのだから、先生に怒られて当然」

(2)特定の相手個人に対してではなく、社会や不特定多数を相手に怒ることもある。不満を態度や行動に表すことである。

「楽しみにしていた遠足が取り止めになって、皆怒っている」「鉄道運賃が値上げになったからといって怒ってもしようがない」「天気予報がはずれて怒っている」

(3)自身の行為や考えが思い通りに運ばないことに腹を立てる。

「猿が玉ねぎの皮をむいて、実が無いので怒っている」「怒ったってしようがない。自分が悪いのだから」「柱に頭をぶつけてしまって〝痛い〟と言って怒っている」「試験の山がはずれて怒っている」「手がかじかんで鍵がうまく開かないと言って怒った」「思うように仕事がはかどらなくて、ぷんぷん怒っている／ぷんぷんしている」

(4)さらに、肉体や精神の特殊条件が原因で気がいら立つ状態にも用いる。

「腹が空いたからといって怒っても始まらないじゃないか」「あの子は眠いといって怒ってるんですよ」「今日は虫の居所が悪いらしい。うっかり口をきくと怒られるぞ」「うちの犬は盛りがついたらしい。荒くて怒りっぽい」「知らない人と見れば怒ってかみつく犬」

子供の場合は「だだをこねる」、大人の場合は不機嫌やいらいらが高じた発散行為である。

分析2　「怒る」は「言うことを聞かないので怒る」「人をばかにしたと言って怒る」「相手が約束を守らないのに怒る」のように、怒る原因を「〜ので／〜と言って／〜のに」などの形で表すことが多い。ということは、ある原因によって誘発される感情現象で、「……によって怒る」という受動意識が強い。したがって、「相手の不実に怒る」とニ格を取る自動詞である。「相手の不実を怒る」とヲ格にする他動詞の言い方は本来の使われ方ではない。「〜を怒る」のような積極的で能動的な気分は、むしろ「いかる」であって、「責める」「叱責する」「叱る」に近づく。「おこる」は自動詞ゆえ、「子供を叱る」に当たる対者行為の「おこる」も、「父に怒られた」と受身形式で言うのが普通で、「子供を怒る」「子供を怒ってはいけない」などの言い方は、まだ正式なものと認めることはできない。

「怒る」は「相手の不誠実に怒る」のように、怒る原因となる対象をニ格で示すほか、「手を振り上げて怒る」「泣いて怒る」「頭から湯気を立てて怒る」「かっかと怒る」のように怒り方、怒る様子を修飾句で表すことも多い。

関連語　いかる　いきどおる　憤慨する　腹を立てる

「いかる」は同じ「怒る」と書くが、これは文章語で、もともと「肩を怒らす」「怒り肩」のように〝角ばっている〟〝角立つ〟といった意味があった。表情に角立つところが生ずるのが「いかる」である。激しい勢いを表情や態度に現して怒ることである。「烈火のごとくいかる」のような慣用的な言い方もある。最近は子供たちが「おれ、いかったぞ」のように「おこる」の代わりに用いる傾向がみられるが、もともと文章語で、日常会話ではこのような場合にはふつう用いない。名詞形「いかり」の形もあり、「怒り心頭に発す」「人に怒りをぶつける」「怒りの持って行き場がない」「怒りが一気に爆発する」「怒りを顔に現す」「怒りをぶちまける」のように用いる。「おこる」にはこの名詞形がない。「いきどおる」も文章語で、「憤慨する」「腹を立てる」「立腹する」とともに、許しがたい事柄に対して不満や不快の気持ちを強く持つこと。「怒る」のような外面への激しい発散行為よりは、内面的な、心に抱く〝許すまじ〟の強い意志が感じられる。ただし「腹を立てる／立腹する」が「何度やってもうまく行かないといって一人で腹を立てている」「猿が牙をむいて腹を立てている」のように自身に原因がある場合、自分に腹を立てることもでき、また、猿など動物でも腹は立てる。が「いきどおる／憤慨する」にはこのような用法はない。「相手国の不法をいきどおる」「世の不正をいきどおる」の例にみられるように、「いきどおる」には、世の中の状態に対する正義感に基づく悲憤慷慨《こうがい》の気分が強い。同じ不正・不条理に心が激することであっても「憤慨する」はもっと個別的で具体的な事柄に向けられる感情である。

関連語 しかる

「子供を叱る」のように人間をヲ格の目的語にすえて、その人間の行為や在り方をよくないとして強く注意すること。犬や猫なども叱る対象となりえる。特に声を荒らげなくとも、優しく叱ることも可能。また、相手をつねったり叩いたりするなど、特に言語を口に出さなくとも叱る行為となる。当然、叱る側が上位者である。「叱りつける」は強めの言い方。「いくら叱っても効き目がない」「人前で叱るのはよくない」「叱られて、叱られて、あの子は町までお使いに」（清水かつら「叱られて」）

おしい 〔惜しい〕 形容詞

価値あるものとして大切に思っている事物を、手放したくないと思う気持ち。さらに、手放したこと、手に入らないことを残念がる気持ちにも使う。

分析1 ①手放したり、むだにしたりすることへの耐えがたさを表す感情と、②自分のものとなるはずの事物が、わずかの差で手に入らなかったり、だめになることへの残念さを表す感情と、二つの段階が認められる。

「命が惜しい」「時間が惜しい」「気に入った品なので、人に譲るのは惜しい」「せっかくの才能が生かされず惜しいことだ」などは①の例。

「もう一息というところまでいったのに、惜しかった」「惜しい勝負を失う」「惜しいところで失敗しちゃった」などは2の例と言えよう。

分析2 1で表される語は、むだにしたくない事物「命、金、時間、才能」などである。その他、「名残が惜しい」「(人との)別れが惜しい」のような特別の慣用的な言い方もある。

関連語 もったいない

「もったいないお言葉を賜る」のように〝恐れ多い〟気持ち。相手や対象に対し、ありがたすぎて頭が自然に下がるような気持ちである。したがって、そのような対象を粗末に扱ったり、やたらとむだにすることは、申し訳ないことである。そこから「おしい」1の意味に近い用いられ方が出てくる。「水がもったいない」「時間がもったいない」「あんな有能の士を放っておくとは、もったいない話だ」「せっかくの土地を活用しないとはもったいない」「資源の乏しい日本なのに、使い捨てとは実にもったいないことだ」「いくら取れすぎたからといって、キャベツをブルドーザーで踏みつぶすとは、もったいない」「あたら若い命を断つとは、もったいないことだ」など。

事物を惜しむ気持ちより、有効に使われない、十分役立てない、浪費されることを残念だと思う感情。だから、一度しか利用されないオリンピック施設に大金を投じたり、必要以上に場内を飾りたてることは、対外的な行事ゆえ、金は惜しくはないが、もったいないと思う。それに対し「惜しい」は、大事に思うものを手放す悔しさである。大切にしていた名画を美術館に寄付するのは惜しいけれど、別段もったいなくはない。名画を焚《た》き付けにでもして燃してしまうのなら、もったいないである。

なお、「もったいない」が「惜しい」②の意味で用いられることはない。「もったいないお言葉」（かたじけない意）、「神棚に足を向けて寝るとはもったいない」（恐れ多い意）などの場合は、「惜しい」とは意味が離れる。

おそろしい〔恐ろしい〕形容詞

対象に対して身がすくみ、逃げたくなるような気分。

分析1 「恐ろしい」は特定の対象に対して抱く感情。自分を圧倒するほどの力を持つもの、それが自分に危害を加える心配があるもの、不幸な結果を招きそうな状勢にある対象、これらに対してこちらが抵抗することのできないほど弱い立場である場合に抱く臨場的な恐怖感。ふつう恐ろしさを感じさせる対象の登場する場面・状況を提示して、

「『人相の悪い男たちに周りを取り囲まれてね』『まあ、恐ろしい』」

のように言うが、「こわい」に比べてより客観的である。「こわい」は、そのような場面に

ある本人が「こわいよ。助けてくれ！」と叫ぶのは自然だが、「恐ろしいよ！」と叫ぶのは不自然なことからも分かるように、客観的に叙述する場合に多く用いられる語である。それゆえ、恐怖感を抱かせる対象を恐ろしさの主体にすえて、「追剝《おいはぎ》に会うかもしれないから、夜の一人歩きは恐ろしい」「台風ほど恐ろしいものはない」「暴力団のいる恐ろしい町」「恐ろしい形相でにらみつける」「恐ろしい顔の鬼」のように言う。

分析2　恐怖感を抱かせるということは、ある面が普通一般と違って極端な状態にあるからである。「恐怖のハードパンチャー」と言えば、「恐ろしくパンチの強いボクサー」のことである。「恐ろしい強打者」は、相手選手に与える恐怖感と、パンチ力の強さの誇張と、二つの意味を兼ねている。ある面が相手に恐怖を与えるほど甚だしい状態が「恐ろしい」であるが、こわさを感じない状態にまで拡大使用されるようになった。

恐ろしい……寒さ、人込み、力、スピード、人気
恐ろしく……混雑した、痩《や》せっぽちの犬、素直な青年、遠い星、うるさい人

右の例のような程度の強調は、修飾語として働くときにのみ生じる。述語に立つ例は「……は恐ろしいほどだった」「恐ろしいばかりだ」のように「ぐらい／ほど／ばかり」などに係る形（広い意味の修飾形）としてしか現れない。程度強調の「恐ろしい」は「ものすごい」「えらい」などと通ずる。

関連語 こわい

「こわい」も「恐ろしい」と同じように恐怖感に使えるが、「こわい」は特定の対象がなくても、場面・状況・環境などからこわいと感じることが可能。「高い煙突のてっぺんで逆立ちなど、こわくてできない」であって、「恐ろしい」ではぴったりしない。投機買いは当たればいいが、外れることもあるから「こわい」のであって、「恐ろしい」では大げさすぎる。「ペニシリンの注射はショック死ということがあるから、こわい」で、「恐ろしい」では合わない。「恐ろしい」は具体的な恐怖の相手に対して用いて、「こわい」は危険度の高い、または危険性のある状況に至るまで、広く使用することができる。

おどろく〔驚く〕自動詞

古代語では〝はっと気づく〟意。物音などで正気に返ることであったが、そこから、〝目が覚める〟ことにも用いられ（以上、古代語）、さらに、予想外なことに出くわしたために受ける精神の作用をいうようになった。他動詞は「驚かす」。

分析「これは驚きました。いつも落第点ばかり取っている君が百点満点とはね」「大学教授たちが、ご飯や料理を皿から手づかみで食べているのには驚いた。国が変われば習慣も違うのですね」「師の訃報に接して驚く」「習い始めて僅か三週間だというのに、その上達の速さに驚く」「驚いたことには、駅員も列車の車掌も、ほとんど女の子ばかりなのです。それは日本では想像もできない光景でした」「突然何の予告もなしに担任の先生がおやめになって、生徒たちを驚かせた」「急に暗がりから大男が現れたんだ。あれには驚いて物が言えなかった」

話し手当人の常識や生活環境、生活習慣と極端に変わった場面に接して、心に異様な刺激を受ける場合や、予想していなかった事柄が展開して、おや？と思ったり、はっとしたりする場合である。その状況は、マイナス評価の状態（好ましくない状態）とは限らない。プラス評価の状態もあれば、特に良くも悪くもない状態もある。話し手のそれまでの予想や、常識や、生活環境と、新たに現れたそれとの間の落差が激しいときに受ける精神作用が、「驚く」である。だから、対象が極端に良い場合には〝感心する〟ことにも通じる。

「彼の該博さには驚く」「驚くべき大記録」「驚くほどたくさんの愛の募金が寄せられた」「その身のこなしの鮮やかさには、だれしも驚かされるのである」「あれほどの大作を、ほとんど半生をかけて完成させた作者の熱意には、驚くほかない」「何も驚くには当たらない。この程度の作品なら、だれにだって作れますよ」

「驚く」が、話し手側と対象との間の状況の落差から起こる精神作用であるのに対し、「感心する」は対象の極端なプラス評価の状況からくる落差に由来する。その反対のマイナス評価に由来する精神作用が「あきれる」である。「感心する／驚く／あきれる」は必ずしも画然と仕切られるものではない。「打たれても打たれても、なお前進するファイティングスピリットには感心する／驚く／あきれる」

同じ行為に対してどう評価するかで、言葉が分かれる。

関連語　びっくりする

意外なことに急に出くわして心にショックを受けたために起こる精神の作用である。「腰を抜かす」「目を丸くする」などの慣用句や、「たまげる」（＝「魂消える」の意）などの語もあるが、「腰を抜かす」ほど強烈ではない精神的影響による平静さの瞬間的喪失が「びっくりする」である。

「びっくりする」は、内容的にはほぼ「驚く」と重なるが、「驚く」がかなり客観的な状況説明として用いられる語であるのに対し、「びっくりする」には〝目を丸くする〟といった臨場感がある。〝その現場にあって、今〟という感覚である。このような状況の文脈では「驚く」も「びっくりする」も同等に使える。説明的な文脈、たとえば「……は驚くべきことだ」「驚くばかりの……」「……は驚くほか（は）ない」などは「びっくり」ではぴったりしない。客観性を表す名詞形「驚きの連続」「驚きを覚える」など、もちろん

「びっくり」は使えない。「びっくりする」には名詞形はない。それだけ主観性の強い語と言えよう。「驚かされてびっくりした」(例解国語辞典)は言えても、「びっくりさせられて驚く」は不自然な感じがするというのも、〃相手が驚くよう仕掛ける〃という客観的な行為の説明には「驚かす」がぴったりし、〃たまげる〃という精神状態の表現には「びっくりする」がぴったりしていることを物語る。「驚く」は精神の作用。「びっくりする」は驚かされたことによって生ずる精神の結果である。

おもしろい〔面白い〕形容詞

ある事物の内容に接して興味がわき、楽しい気分になる状態。その内容に接しても特に興味・関心がわかないのは「つまらない」であるが、「つまらない」には、さらに広い意味・用法があり、「面白い」と一対一の対応をしない。⇩つまらない(一三三頁)

分析1 「君の意見はなかなか面白い」「面白い小説」「今日の試合はとても面白かった」に見られるように、その内容の全貌《ぜんぼう》に接して、こちらが飽きることのない興味を覚える状態である。

「あんまりおかしくて笑ってしまった」「あんまり面白くて笑ってしまった」どちらも成り立つ文脈だが、「おかしい」には、「面白い」と違って、内容が我々を楽しませるという設定がない。「おかしい」は、そのものから受ける刹那《せつな》的な感情。「面白い」は、もっと分析的に、部分の総合としての全体を眺め、その組立てにおける興味の深さを考える。「面白い試合」は、試合運び、点の取り合い、駆け引きなどを含めた総合的な印象。「あまり面白くてやめられない」「途中から見たので、ちっとも面白くない」など、「面白い」は部分の積み重ねとして構成されていく感覚である。

面白い……配役、顔ぶれ、間取り、コンビ、組み合わせ、柄《がら》、模様、配色、構図など、いずれも個々の組み合わせや全体への組織化の、斬新さ、奇抜さが醸し出す興味である。

車窓の景色に見とれて「風景がとても面白い」と言えば、それは、山あり川あり海あり畑ありの、その変化の妙に引かれた興味である。単一のもの、たとえば「富士山がおもしろい」とは言わない。もっとも、「遠足で何が面白かった？」「ケーブルカーが面白かった」という答えはできる。この場合、ケーブルカーは単一の対象ではない。乗車してから下車するまでの行為の連続としてとらえられている。同様に、

面白い……顔立ち、デザート、洋服、景色、建物、人物、結果

なども、単一の事物を対象としているようだが、「面白い顔」は、目鼻立ちといった組み合わせにおける配置・釣合を考えているし、「面白いデザート」は、それまでの料理とデザートとの取り合わせの妙を、「面白い建物」は、形状やデザインや色彩などが全体の構

成として持つ斬新さ奇抜さをとらえている。いずれも部分と全体との関係を発想の基本にすえている。そのため、組み合わせを前提としていない「おかしい」は、「面白い」に言い換えることができない。また、「体の調子がおかしい」「頭がおかしい」など単一対象の例は「面白い」で表せない。

分析2　全体への構成がマンネリ化している状態は、変化の妙に乏しく、「面白くない」である（二、三の例外を除き、多くは「つまらない」で表せる）。本来、組み合わせの妙は、人を楽しませるものとしてプラス評価である。「面白いお話」「面白い映画」「面白い遊び」など。しかし、組み合わせの妙が一般と著しく異なって、風変わりな状態の場合には、マイナス評価に転じる。「落語家の面白い顔つき」「降ったり照ったり面白い天気だ」、このようなマイナス評価の「面白い」は、当然「つまらない」とは対応しない。「面白い文章だ」は、読ませる文章とも、破格で風変わりな文章ともとれる。

関連語　**面白くない**

「彼だけ昇進するなんて面白くない」など、いつも否定形をとり、「不愉快」に近い気分を表す。「くそ面白くない」などの言い方もできる。このような「面白くない」は、「つまらない」に置き換えられない。

かなしい〔悲しい〕形容詞

不幸な状況に接し、心が痛む気持ちである場合に使うが、そのような気持ちを人々に起こさせる事物にも言う。

分析1 (1)一人称主体の感情。「父の死が悲しい」「親友に裏切られるとは悲しいよ」「先生まで誤解していると思うと悲しい」など。これらは「うれしい」と対応する。さらに、(2)人に悲しみを与える内容の事物にも用いられる。その場合、「悲しい」はその事物の属性となる。「悲しい悲しい物語」「悲しい最期」「悲しい場面」「悲しい報せ《しら》」「悲しい結末」このうち、自己にかかわりを持ってくる状況（「報せ」など）は「うれしい」と対応する。そのほかは「幸せな」などと対応する。⇩くやしい（七〇頁）

(3)具体的な悲劇的内容は含まないが、人を悲しみに沈ませるような、沈鬱《ちんうつ》で晴れやらぬ雰囲気を醸し出すものに使う。「悲しいメロディー」「悲しい曲」「悲しいムード」などは、その内容が人を悲しませるのではなく、印象が人の心を暗く悲しく塗りかえる。このような「悲しい」は「うれしい」に置き換えることができない。「明るい」などで言い換えることになる。⇩うれしい（三六頁）

分析2 「悲しい」も「うれしい」と同じく、ある内容を受けて生じる感情である。したがって、動詞に係るときも、「悲しく思う」のように、その思う内容を「悲しい」と形容するのであって、思い方を形容しているのではない。行為しか表さない動詞に係って「悲しく歌う」「悲しく泣く」のような言い方はできない。「悲しそうに歌う」とする。
また、表情を表す名詞に係って、「悲しい顔」「悲しい表現」「悲しい眼差《まなざ》し」などと言う場合は、それを傍らで見る者が悲しいと感じるようにも、本人の悲しみが現れているようにも取れる。後者は「悲しそうな……」と言うべきだが、「……そうな」は略されることが多い。

－がる　接尾語（動詞型活用）

形容詞・形容動詞、希望「たい」の語幹に付いて、三人称の人物（人間および動物）がそのように感じたり、様子をしたりしているさまを叙す。打消「ない」には続かず、「……がらない」と、「がる」の後に続けて全体を否定する。

分析1　「－がる」の付く主な語としては、

(1)感情を表す形容詞・形容動詞、および希望「たい」。
怪しがる、恨めしがる、羨ましがる、うるさがる、うれしがる、おかしがる、惜しがる、恐ろしがる、面白がる、かわいがる、悔しがる、煙たがる、恋しがる、心もとながる、こわがる、寂しがる、じれったがる、楽しがる、恥ずかしがる、欲しがる、むずか

しがる、面倒くさがる、珍しがる、もったいながる
憐れがる、いやがる、億劫《おっくう》がる、気の毒がる、残念がる、不思議がる、不憫《ふびん》がる、不便がる、迷惑がる、大事がる、
……したがる

⑵感覚を表す形容詞
暑がる、痛がる、くすぐったがる、苦しがる、煙ったがる、寒がる、まぶしがる

⑶属性を表す形容詞・形容動詞
偉がる、強がる、通《つう》がる

このうち⑴⑵の感情や感覚を表す語は、それだけで使うと話し手自身の主観（ないしは疑問文にして聞き手の主観）となってしまう。「羨ましい」という感情は、話し手自身の主観である。特に「私は羨ましい」と断る必要はない。たとえ「彼」を題目語として立て、「彼は羨ましい」

としても、羨ましく思っているのはやはり話し手自身である。「彼」は羨ましいと思う対象でしかない。「彼」を羨ましく思う主体とするには、「の」を付けて体言相当の資格を与え「彼は羨ましいのだ」とするか、接尾語「−がる」の力を借りて動詞化し、「彼は羨ましがる」としなければならない。「−がる」は一人称主体の主観を、三人称主体の状態叙述に変える働きをする。

形容詞や形容動詞を動詞化することによって、㈠主観的な感情・感覚から客観的な状態叙述へと変わる（人称の交替）。㈡刹那《せつな》的感情・感覚から継時的な状態叙述へと変わる。ただ「苦しい」と言えば、話し手のその瞬間の主観的気分の表明だが、「苦しがる」となると、第三者のある時間的幅を持った状況の客観的叙述となる。

分析2　「－がる」の付いた語には、他動詞的、自動詞的二つの文型が見られる。

1「AハCヲ……がる」

「彼は試験にしくじったのを悔しがる」「彼女は何でも羨ましがる」「子供は扁桃腺の手術をいやがる」「人の失敗を面白がるのはよくないことだ」

そのように思い感じる対象があって、それが原因となっている場合。「試験にしくじったのを悔しがる」は「しくじったので悔しがる」のである。1は、そのような感情を起こす引き金となった事柄や人間を対象にすえるところに特徴がある。

(1)の感情形容詞・形容動詞がこの文型となる。

2「Aハ……がる」

(2)の感覚、(3)の属性の形容語、および、(1)の動詞に「たい」の付いた形が2文型となる。特にそう感じる原因を対象として意識しない形式。

「苦しがる」と言うとき、わざわざ「息が詰まったのを苦しがる」などとは言わない。

分析3 「－がる」は、「悲しがる、うれしがる、いやがる、苦しがる」など〝しきりにそのように感じる〟ことである。感じることは当然そぶりにも表れ、「かわいがる」のように、もっぱら対象に対する行為のみが強調された例も見られる。さらに、〝わざとそのようなふりをする〟演技にも「－がる」を用いるようになる。これは「わざと／いかにも／……ふりをする／……してみせる」などの語によって与えられる文脈的意味。ただし、(3)の属性形容詞に「－がる」の付いた例は演技となり、(2)の感覚形容詞は、動作に現れる面が強いだけに、演技となりやすい。

関連語 －ぶる

「偉ぶる、もったいぶる」のように、「－ぶる」も、〝いかにもそれらしく装う〟演技の意を添える。「－ぶる」は、

聖人ぶる、学者ぶる、高尚ぶる

のように、プラス評価を持つ体言に付き、気取って自分がいかにもそうであるかのように振る舞う状態を批判する語なので、マイナス評価となる。

「－がる」は名詞には付かない。感情・感覚を表す語（それもマイナス評価の語が圧倒的に多い）の語幹に付いて〝しきりとそう感じる〟当人の状態を、むしろ同情の眼で眺めることである。

かわいい　形容詞

本来は、一人称の主体が、ある下位の対象に対して強く愛し慈しむ気持ちを覚える状態。そのような気持ちを起こさせる対象についても用いる。

分析

①「かわいい子には旅をさせよ」「私のかわいい人」など。

①ひときわ愛し慈しむ気持ちを覚える対象は、ふつう人間で、それも赤ん坊、子供、妻、恋人などである。「私のかわいい子猫」など、愛玩する動物、いわゆるペットにも使う。まれに愛する品物に対して用いることもあるが、多分に擬人的用法。「私のかわいい人形」「私のかわいい万年筆」など。植物に対して「私のかわいい薔《ば》薇《ら》」などとはふつう言わない。

「かわいい」①でとらえられる対象は下位の者という意識があり、そのため、かわいがり大切にしてやらねばならないという愛の気持ちが芽生える。夫が妻を「かわいい」と言えば抵抗なく受け取れるが、妻が夫に使うと女性上位という気分になる。上位者に対して子供が「かわいいお父さん」などと言うのは不自然。

②下位者的状態に対象をすえるところから、幼児的、または子供のように素直で純な性格や行為に対しても「かわいい」を使う。

「かわいい顔して寝てるよ」「かわいい服、着てるね」「奴はかわいいところがあるじゃないか」「嘘とも知らず本気にしてるんだから、かわいいじゃないか」など。相手を不当に低く見る、小ばかにした気分も出てくる。

本来、「かわいい」は、一人称の主体が下位の対象に対して抱く即事的感情である。対象は「子、娘、奴、妻、恋人、人形」のように、一人の人格として受け止められている。また、かわいいと感じる状態のものも、

かわいい……顔、格好、寝姿、姿勢、表情、目つき、えくぼ、眼差《まなざ》し、口つき、鼻の形、頰《ほお》のふくらみ

など、かわいい状態が一つの属性となっている。

③だれしもが「かわいい」と感じる状態の物「赤ん坊のかわいい手」「かわいい子猫」などの形態的在り方から、特に小さくて愛らしい物も指すようになる。ただし、標準の大きさに比べて極度に小さい場合である。「かわいいお家《うち》」は決して小人や人形の家ではない。「かわいい鋏《はさみ》」「かわいい鏡台」「かわいいミニカー」など。元来小さい物、米粒、宝石などには「かわいい」は使わない。

関連語　かわいらしい

「かわいらしい」も「かわいい」と同義に用いられるが、常に客観的で、①の対象に対する自身の主観的な感情は表せない。「私は息子が、かわいくてかわいくてたまらない」「君

のかわいい子ちゃん」(愛人)など、「かわいい」では表せない。特定のだれかにとってかわいいと感じられる場合は「かわいらしい」、その物自体が愛らしい状態のもの「声、顔、えくぼ、人形、靴」などは「かわいい」「かわいらしい」どちらにも言える。

かわいそう　形容動詞

「かわいい」と語源は一つで、古語「かはいい」(「かはゆし」から)が〝不憫だ〟の意を表すように、「かわいそう」も、弱い同情すべき立場にある者に対して抱く慈悲の気持ち。⇩かわいい(六三頁)

分析「かわいい」が、一人称の主体が下位の対象に対して抱く愛し慈しむ気持ちであると同じように、「かわいそう」もふつう、下位の対象に対する同情意識として芽生える。「そんなに亀をいじめたら、かわいそうじゃないかと、浦島太郎は言いました」のように、対象は動物でもかまわない。酒に酔って乱暴を働く父親に対して、「お母さんがかわいそうだ」と言ったとき、かわいそうと思う対象は上位者である母だが、この場合は、夫にいじめられているみじめな状態にある者として、心理的に母親は同情される側に立たされているとみるべきであろう。「かわいそう」ととらえられる対象には、人間、動物、特定個人、擬人的に植物や物、さらにある種の抽象名詞がある。

かわいそうな……人、子供、被災者たち、奴隷、マッチ売りの少女、（猿蟹合戦の）蟹《かに》、手の取れたお人形さん、日陰の花、国、境遇、立場

「おやまあ、かわいそうに。土がからからで花がしおれてるわ」「あんなに子供を叱って。かわいそうで見ていられない」「かわいそうなみなしご」「忘れ物をしたぐらいで立たせるなんて、かわいそうじゃない」

「かわいそう」と思う心の底には、その対象を同情すべき状態にあるもの——不幸のどん底にあるとか、逆境に立たされているとか、不当に苦しめられ辱められているとか、平常の生命活動や精神状態・生活行為などがおびやかされるような目にあっているとか——としてとらえ、そのような相手や対象に対して、そうでない恵まれた立場にある主体が投げ掛ける強い同情心である。

関連語　きのどく

他者の身の上に起こったマイナス状態に対し、それが当人にとって不幸な同情すべき状態だとして心が痛むこと。人間、もしくは人間の集団・社会などに対して用い、「かわいそう」と違って、動物や植物などには用いない。ということは、気の毒な状態にある相手の立場を自分に引き比べて、自分と同じか、むしろ自分以上に恵まれた状態にあってしかるべきなのに、現実はそうでないことを同情の気持ちでとらえることばなのである。した

がって、「気の毒」には〝不当に不幸な状態に立たされている〟〝本来ならそのような状況ではないはずなのに不運にも〟というニュアンスが伴う。「かわいそう」のように、当然の帰結としてのマイナス状態にある不幸な対象を憐《あわれ》む感情とは異なっている。そのため「気の毒」でとらえられる対象には、下位者意識はない。直接その対象に接して救いの手をさしのべたいような主観にかられる情的な「かわいそう」に比べると、「気の毒」はより客観的で、冷静で、理智的で、他人事として眺める冷たさが感じられるのも、そのためと思われる。

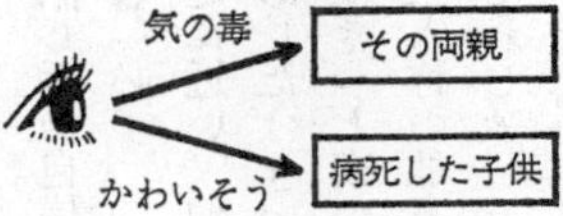

「あんなに練習して張り切っていたのに試合前日に怪我をするとは気の毒な」「不幸が度重なるとは、その人の運とは言いながら、気の毒の一語に尽きる」「気の毒がっていたら人は使えないよ」「気の毒だけど、ここは一つ会社のためと思って我慢してくれ給え」「絶えず食糧不足に悩む気の毒な国々」「あいにくご希望の品を切らしております。お気の毒さま」「知らぬこととは言いながら、口の不自由な彼に返事をしろとは、気の毒なことを言ってしまった」

不慮の病死をした子供に対しては〝かわいそうに〟と思うが、その両親には〝気の毒だ〟と同情を寄せるであろう。

きっと　副詞

話し手が自信を持って、まちがいなくそうなると推し量る気持ちを表す。

分析　「必ず」「まちがいなく」とほぼ同じくらいはっきりと言い切る判断で、推量よりは断定に近い。他者に対する推量的断定のほか、自身の強い決意をも表す。

「あしたはきっと雨だ」「先生はきっと怒るにちがいない」「彼はきっと来る」「彼、今ごろはきっと家に着いているはずだ」など、

三人称の他者についての判断のほか、二人称、一人称にも用いる。

「それじゃ、五時に駅の待合室で待ってるからね。きっとだよ」「じゃ、きっと来てね」「私、きっと行きますからね。待っててくださいね」「今度はきっとパスしてみせる」

「きっと……にちがいない／はずだ／する／だろう／ます」

「ちがいない」という断定に近い推量から、「だろう」の推量まで、幅が広い。

関連語　おそらく　たぶん

両語とも「きっと」に比べて弱い推量。「恐らく」は丁寧な文体に用いられる。

「恐らく雨は降らないでしょう」「彼はたぶん休むだろう」「通訳なしでは恐らく通じないだろうと思う」「一人では恐らく何もできまい」「検査はたぶん簡単に済むと思うよ」「私

は恐らく出席できないでしょう」「恐らくそのわけは、ほかにあるにちがいない」「あの人はたぶん田中さんだ」「犯人は恐らくもう国内にはいないだろう」

過去の事態に用いられれば不確かな記憶を表す「確か」と同じ意味になる。

「あれは恐らく一昨日《おととい》の朝のことだったと思います」「たぶん去年の夏休みだったと思うよ」など。

ただし、「確か」と違って、確認をする言い方を持たない。

「確かあなたは山田さんでしたね」を「恐らく／たぶん」に言い換えることはできない。

また、二人称の相手には推量でしか用いられない。

「恐らくあなたは大丈夫でしょう」「たぶん君は大丈夫だよ」など。

なお「多分」は、不確かな記憶や推量に用いられるほか、「その気味が多分にある」「多分のご寄付」など〝数や量が多い〟という意味でも使われる。

関連語　たいてい　たいがい

「大抵」「大概」とも、推量としても用いるが、本来これらの語は〝大部分〟〝おおかた〟〝あらまし〟の意味で用いられる。したがって「たいてい大丈夫だ」「たいがい大丈夫だ」は〝十中八、九という高い確率で大丈夫であろう〟という確率の高さを表す。

「彼はたいてい欠席だ」は、出席ではなく欠席であることを、「梅雨時だから、たいがい雨だ」は、晴天ではなく雨天であることを、単なる推量からではなく〝十日のうち八、九日は欠席だ／雨だ〟と比率意識から述べているのである。

関連語　おおかた

「大方」は「大方の予想を裏切って……」「おおかた（の）見当はつく」のように「ほとんど」の意味である。推量として用いるときも、「あらかた」「ほとんど」の意味として、その事柄の成立の比率の高さを述べる。
「おおかたそんなことだろうと思った」「今度の連休はおおかた雨だ」など。

くやしい　〔悔しい〕　形容詞

語源は「悔やむ」などと本を一つにする。つまり、自分のしてしまった行為に対して、後になってしなければよかったと残念がる気持ちが本来の「悔しい」であり、後悔することが「悔やむ」であった。このような、すでに結果がはっきりとしたマイナス状況に対し、そのような不本意な状態となってしまうことを自分の力の無さとして心の中で腹立たしく恨めしく思う感情である。

分析1　「悔しい」と思う原因としては、

⑴対人関係において、他者から受けた不当な扱い、恥ずかしめ
⑵他者との比較や競争・戦いにおいて、はっきり優劣をつけられて自分の無力さを思い知らされ、みじめな気分となる場合
⑶自身で何か事をなすに当たって、能力的に不足しているため遂行できない、もしくは失敗に終わり、自身の未熟さを認めざるを得ない場合
⑷九分九厘成功と思われるまで達したにもかかわらず、最終段階でしくじり、不成功に終わってしまったような場合。この場合は、自身の能力の不足よりも、偶然の支配する結果が大きい。

⑷を除いて、他はいずれも当人（もしくは当人の属する団体）の力の欠如に由来し、⑴⑵は対他者の相対的な力（⑴は権力や上下関係、⑵は能力・力量など）の差による敗者・劣者が抱く感情で、不当な扱いを受けたり、恥をかかされたり、負けになるとはっきりわかっていても、それをくつがえす力を自身が持ち合わせていないために、みすみす敗者の立場に立たされたりすることへの不本意な情けない感情である。⑶は特に対人関係を構成する必要はない。自身が何か事をなすに当たって、心では完全な結果を期しても、はやる心とは裏腹に能力・力量がそれに並行せず、思うようには事が運ばない、ないしは失敗して、自身の力のなさを腹立たしく思う気持ちである。⑴～⑷に共通していることは、いずれもマイナス結果にさせられたか、マイナス結果となってしまった、もしくは、なってし

まうと最初からわかっているので遂行を思い留《とど》まるといった、プラス状態を志向しながらもそれができない腹立たしさに由来する感情である点である。そのため、江戸の敵《かたき》を長崎で討つのたとえのように、そのこと自体での不本意な結末はいかんともし難いため、他の方面で報復・仕返しをしてうさを晴らすということにもなるわけである。それもできない弱者は、自嘲的に自身をいじめるか、飲酒などやけ酒で発散するということにもなる。

分析2 ①対人関係における〝悔しさ〟

(1)他者から受けた不当な扱いや辱しめなどによる場合

その相手との社会的地位や権力などの格差から、その扱いが不当と思いつつも反抗できない場合である。

「皆の前でばかにされて実に悔しい」「何も人前であああまで叱らなくてもいいものを、悔しいったらありゃしない」「物のみごとに相手の術中にはまって、悔しいの何のといったら……」「あんな奴に大きな顔されて、こんな悔しい思いをしたことはない」

(2)他者との争いや比較においてはっきり勝敗・優劣をつけられた場合

能力（学力、戦力、財力、武力、才能、技術など）の格差から敗者・劣者の側に立たされ、残念とは思うが力の差からいかんともし難い厳しい結果に立ち至った場合である。

「悔しいけれど相手が強すぎて歯が立たなかった」「悔しかったら、もっと実力をつけて掛かってこい」「お前はそれでも男か。戦いに敗れて悔しいとは思わないのか」

②特に対人関係を前提としない場合

(3)事をなしたが、力量不足で失敗した場合、ないしは初めから失敗するとわかって思い留まらざるを得ない場合。自己の能力・力量の不足を思い知らされて歯ぎしりをするのである。

「悔しいけれど今の学力では、あの大学には合格はおぼつかない」「悔しいが私の実力はまだまだ彼とは雲泥の差だ」

(4)ほぼ成功を手中に収めながら最後の詰めでしくじった場合

逃がした魚が大きかった場合である。能力の欠如というよりも、不注意や運がついていなかった場合などである。

「あと一歩というところでしくじって悔しいよ」「悔しいことに、乗ろうとしたら（電車の）ドアが閉まってしまった」

分析3 「悔しい」は「うれしい」と対応する。童歌《わらべうた》に「勝ってうれしい花一もんめ、負けて悔しい花一もんめ」というのがある。複合語「うれし涙」に対しては「悔し涙」である。これは、悔しい感情を起こさせる(1)〜(4)の諸要因とは正反対の優位の立場・勝者の立場に立つことが、結果的に人間を〝うれしい〟気分にさせるからである。一方「うれしい」には「うれしい／悲しい」の対応もある。本来「うれしい／悲しい」は、その主体者自身によって成立する感情で対他者を必ずしも必要としない。「親に死なれて悲しい」のであり、

「親友がつぎつぎと去って行って悲しい気分にさせられた」のである。寂しく、また、心が痛んで泣きたくなるような気分が悲しいであって、「悔しい」のような、不本意な結果に対する腹立たしい残念さはない。だから「悔しまぎれ」には「相手をなぐってやった／グラブを地面に叩きつけた／悪口雑言《ぞうごん》を浴びせた」など陽性の行動的な発散行為が現れるが、「悲しさを紛らわすため」には「音楽を鳴らした／旅に出掛けた」のような平和的な静けさが必要となる。なお「悲しまぎれ」の語はない。⇩うれしい（三六頁）、かなしい（五八頁）

関連語 ざんねん

「残念」は文字通り〝念が残る〟ことである。せっかく外国へ行ったのに、その国の名所旧跡を訪ねる機会がなくて残念だったのであり、わざわざ出掛けていったのに相手が留守で会えなくて残念だったのである。遠足の日に限って雨が降ったから残念であり、掘出し物を見付けたのに手持ちの金が足りなくてみすみす買わずに帰ったから残念だったのである。残念さは場合によってはそれを埋め合わせることによって解消する。「このまま帰るのはいかにも残念だから、この機会に少し観光旅行をしよう」「あなたにお会いできず残念なことをしたから、また会う機会を持ちましょう」で、今度会うことができれば残念さは無くなる。このように、当初の希望や願い通りに事が実現しなかったため惜しい気分にさせられるのが「残念」である。したがって、状況としては「悔しい」の(2)〜(4)は残念な気分になりうる場合である。ただし、(2)のような対他者を前提とした屈辱意識はない。自分の理想通りに行かなかったことをただ惜しいことをしたと感ずる気分である。だから、自分が相手に徹底的に負かされれば悔しいが、ひいきのチームが優勝できなかったのなら残念だと思うぐらいの程度であろう。

「あんな美しい器量の人が、あたら独身で老いていくとは残念なことだ」「残念ながらクジはずれでした」「待ちに待った入学式の日に、事もあろうに風邪をひいて残念至極《しごく》だ」「先日はいろいろと用があってお目に掛かる機会がなく、本当に残念でした」

くるしい〔苦しい〕形容詞

分析1 がまんできないほど肉体的または精神的に圧迫感を覚え、つらいさま。

1 「三千メートル級の山なので呼吸が苦しい」「苦しい息の下で……」のように、苦痛を伴う動作を主語や被修飾語に立てる。

2 「字が細かくて目が苦しい」とか「荷物が重くて手が苦しい」のような身体部分を主語に立てる言い方はしないが、その部分の全体的な圧迫感なら可能。「強く締めつけられて胸が苦しい」「食べすぎて胃が苦しい」「逆を取られて腕が苦しい」「膿《うみ》がはって苦しい」など。ただし、「苦しい胸」「苦しい胃」「苦しい腕」とはふつう言わない。

分析2 ①の、その動作を行う人間や、その事に当たる人間が苦痛を感じる場合、「息をするのも苦しい／つらい」「苦しい／つらい修業」「深夜作業は苦しい／つらい」のように「つらい」で言い換えることもできる（その点②は言い換えがきかない）。ただし、「苦しい」には肉体的、生理的苦痛の気持ちが強く、「つらい」には精神的苦痛の色合いが濃い。

関連語 つらい

分析3 ③状況が全体的に悪化して困難さを感じる場合は、人間以外についても「苦しい」が使える。「経営が苦しい」「苦しいやりくり」など。これは経営状態が悪化した、の意であって、経営にたずさわる者の苦しさを直接的に述べているのではない。これに対して「経営がつらい」「つらいやりくり」は本人のつらさを表す。「苦しい立場」「苦しい言い訳」、造語「苦しまぎれ」などは③の用法であるが、これは「つらい」の用いられ方と同じ人間の側の表現で、「苦境に立つ」「苦肉の策」などと相通じる。

こいしい 〔恋しい〕 形容詞

既知のある対象にそぞろ心がひかれ、それとの出会いを望む感情。

分析 「人恋し」のような漠然とした対象もあるが、ふつうは「彼女が恋しい」「恋しい人に会う」と、特定の対象に心が引かれるとき用いる。人の場合は、「亡くなったおじいちゃんが恋しい」などの例もあるが、多く異性への愛情に根ざす感情である。その他「故郷が恋しい」「日本の生活が恋しい」「寒くなってきたので、そろそろ火燵《こたつ》が恋しくなってきた」「火の恋しい季節」など、人以外に対しても用いられる。

「恋しい」は、既知のある対象に対し、かつてその愛情や恩恵などにたっぷり浸り、その喜びや快感・ありがたさを十分に知っているため、長い期間それから離れていたことによって精神的な渇きや欲望を覚え、再びその喜びや快感を求める気持ちである。したがって、未体験の対象を恋しいと思うことはできない。「彼女が恋しい」は、彼女を知って、その愛や美に接することに精神的喜びを経験したからこそ言えることばで、未見・未知の相手、たとえば腹違いの妹がいることを成人してから知り、その妹に会ってみたいと思う感情を「腹違いの妹が恋しい」とは言えない。この場合は、「会ってみたい」「早く会いたい」である。

関連語　懐かしい

「懐かしい」も思いが引かれる状態である。ただし、これは、遠い過去に自分が接して強い印象を受けた対象に再び接したり、あるいはまた、その対象にゆかりのある事物に触れたり、それを思い出す機縁があって心に喜びを覚える状態などに言う。自分の経験を通して成立する感情なので、自分とつながりを持った対象に限られる。他の人物・事物に対してだけでなく、過去の自分自身のことについても言える。

「まあ、お久し振り。お懐かしいこと」「子供のころよく遊びに行った懐かしい裏山」「これが小学校の卒業写真か。懐かしいなあ」「一冊の寄せ書き。私の懐かしい思い出の品だ」「懐かしき古里の山々」「懐かしのメロディー」など。

「恋しい」が既知の対象に心が引かれ、出会いを望む感情であるのに対し、「懐かしい」は単に思い出して心暖まる感情である。その対象に出会っても、出会わなくてもいい。しかし、必ず思い出すきっかけがある。「子供のころが懐かしい」は、写真や絵、話など思い出の事柄が機縁となって昔を思い出し、ほのぼのとした気持ちになっている状態。「子供のころが恋しい」は特に仲介となる事柄を必要としない。「恋しい」は出会いを望む気持ちが強いので、現在に比べ、子供時代の楽しく幸せだった生活に強く心を引かれ、できることならもう一度子供時代に返りたいと思う気持ちである。「彼女が恋しい」も恋人に今すぐ会いたいと望む感情。「彼女が懐かしい」では、昔別れた女性を何かのきっかけで思い出しているにすぎなくなる。「懐かしい」は過去と現在との間に長い時間の隔たりを置いている。久し振りで会ったからこそ「お懐かしい」であって、昨日今日では使わない。

関連語 **慕わしい**

対象は人間に限定されるようである。未知の人物、あるいは、あまり接することのできない人間に対して尊敬の念や親しみを覚え、その人間的魅力に心引かれて、もっと親密になりたいと思う感情。「恋しい」「懐かしい」と違って、過去に接触のあった相手でなくてもよい。現在初めて会った人物に対しても使える。

「お慕わしゅうございます」「お慕わしき兄上様」

すでに故人となった相手、歴史上の人物、姓名も知らない行きずりの人物にも使える。この点が、「恋しい」「懐かしい」と異なる。

こころよい〔快い〕形容詞

その対象や行為から受ける刺激や印象が、精神的によい気分として感じられる状態。⇩たのしい(一二八頁)

分析 (1)「Aガ快い/快いA/AガBニ快い」などの形で、その対象・行為が人間側に与える、ほどよい感覚刺激によって引き起こされる精神的美感

「楽しい」や「愉快」などと違って、対象の内容の面白さやよさが与える知的刺激によるものではない。もっと本能的な身体的感覚が催す精神的な喜びである。快く感ずるものとし

て次のような名詞があげられる。

快い……響き、暖かさ、ぬくもり、(朝の)空気、日差し、日だまり、眠り、疲れ、肌ざわり、触れ合い、応対、気分、刺激

「小川の快いせせらぎ」「眠くなるような単調なしらべが実に耳に快く響くのである」「そよ風が頬に快い」「ガタンガタンという快い電車の揺れに、ついうとうとと居眠りをしてしまった」「こころよきつかれなるかな息もつかず仕事をしたるのちのこのつかれ」(石川啄木)

いずれも強からず弱からずといった刺激や身体感覚の柔らかさ、ほどよさが与えるプラス状態の気分である。

(2)「快く……する」などの形で、人間関係において精神的摩擦が起こらないような気持ちよさを表す

「後輩たちは彼のことを快くは思っていないようだ」「快からず思っている」「快からぬ気分」

のように、心中に抱く好意的な感情(多くは打消し形で表される)のほか、「いやな顔一つせず快く引き受けてくれた」の例にみられるように、人間の行為に係って、その人間の対応の仕方の気持ちよさを表す。

関連語 **心地よい　気持ちよい**

「心地よい／心地がよい／心地のよい〜」などの形で、ある状況や環境に置かれて、その状況が当人にとって気分的に好ましく、精神的・肉体的抵抗を覚えない状態。「心地よい暖かさ／寒さ」「心地よい環境」のように、当人を取り巻く場面的条件が問題とされ、「快い」のような特定対象や特定行為に対する感覚には用いない。「心地よさ／心地よげ」の派生形を生み、また、他語と複合して

「居心地がいい職場」「住み心地のいい家」「座り心地のよい椅子」「寝心地のいいベッド」「履き心地の悪い靴」

のような語を造る。いずれも当人を包み込む場面や状況としてとらえる対象で、部分的な刺激対象であるものには使えない。「万年筆の書き心地」とか「掛け心地の悪い眼鏡」などとは言わない。

「気持ちよい」は「気持ちのよい朝」「気持ちよく引き受ける」のように「快い」と重なる部分が多いが、「とても気持ちのいい人」（感じのよい人）、「家具・什器《じゅうき》すべてが新しくて気持ちいい」「明るくて気持ちのいい部屋」など、対象が持つ清潔さ・明るさ・感じのよさから受ける心のすがすがしさは、「快い」とは表す内容に差がある。また「頭を洗ったら、さっぱりとして気持ちよくなった」「大掃除をしたら、部屋の中が気持ちよくなった」のように、汚れやうっとうしさを払った後のすっきりとした印象にも用いられ、現在

受けている刺激に対する快感の「快い」とはこの点でも差がみられる。「気持ちいい／気持ち悪い」「いい気持ち／いやな気持ち」の対応からもわかるように、それを嫌悪すべき心の状態に対して、喜んで受け入れたいような感じのよさが引き出す心の爽やかさである。そこから、対象や環境とは関係のない状況、たとえば「仕事を全部片づけて、気持ちよく新年を迎えよう」などにも使うことができるのである。

こまる〔困る〕 自動詞

当人の思うように事が運べ（／ば）なくなることから生ずる喜ばしくない（マイナス評価の）精神状態に立ち至ること。そのような状態となる生活ぶり。

分析1 「物があり過ぎて困る」「何でもわかり過ぎて、かえって困る」のように、極端なプラス評価の状態にあることから生ずる「困る」もあるが、極端なプラス状態は当人にとっては逆にマイナス状態でもある。これは〝贅沢な「困る」〟である。一般に「困る」は、当人がマイナス状態と考える事態が生じて、勝手が違い、事の処し方がわからなくて心がまごつく状態となることである。「弱る」と共通するが、「弱る」は、「長雨で洗濯物が乾かず、皆弱っている」「試験の山がはずれて何一つ答えが書けず、弱った」「とにかく飲み水がないのには弱った」「弱ったな。あいにく細かいお金がない」

のように、具体的にある状況にぶつかって悩む、主体側の精神状態を表す場合にだけ使え、「決められた規則は守ってくれないと困ります」のような客観的な事柄や、生活苦を表す「困っている人々」「その日の生活にも困る」のような例では「弱る」は使えない。

分析2 「困る」状況から、次の三種に分けられる。

(1)具体的なマイナス評価の状況に接して、適当な解決法が見当らず処置に苦しむ場合。

1苦境に立つ「困る」

「弱る」に相当する「困る」。

「途中で道に迷って困ってしまった」「困ったことには帰りの汽車賃がない」「彼は学生証をなくして困っています」「見え過ぎちゃって困る」「困ったときはいつでも相談にいらっしゃい」「困ったときの神頼み」

(2)条件句を受けて、その条件通りに事が運ぶとぐあいが悪い、または、運ばなければぐあいが悪いという話し手の意見を表す。結果的に、相手への強制や禁止、話し手自身の強い希望などの表現となる。

「約束通り来てくれなければ困るよ」「あわてると困るから、少し早めに出掛けよう」「雨が降ってくれないと困るなあ」「見られると困るから、カーテンを引いておこう」「人に聞かれると困る」

2生活苦を表す「困る」

金や物資の不足から、暮らしが不如意《ふにょい》の状態になることである。貧乏なため生活に苦しむこと。

「家計を支える主人に死なれては、収入の道が途絶えて一家は困るにちがいない」「世の中には困っている人が大勢いるんだよ」「戦中・戦後は食糧難で日本中が困っていた」「辺境の地では、その日にも困る生活を強いられている」

「父に死なれて困る」という場合、突然の死によるうろたえなら①、生活苦なら②。同じ文でも両様に解釈できる。「困る」はそれ自体〝生活苦〟を表すが、それをわざわざ「生活に困る」（Bニ困る）と、ことさら「生活に」と断る言い方が一方で成り立つ。「家計に困る」「金のやりくりに困る」のように、困る対象をニ格で取り立てる言い方で、「生活に苦しむ」の「苦しむ」に相当する「困る」である。

③「Bニ困る」の形で、Bの処置が思うようにならないために苦しむことを表す。Bは、主体が直面している問題で、(1)主体が希望している対象だが、意のままに入手できないために苦しむ場合と、(2)処置を迫られている事柄だが、かんたんには処理できない場合とがある。共に〝当面の解決せねばならぬ対象〟という点で基本は同じである。未解決で、しかも解決困難ゆえに「困る」のである。

「島では飲料水に困っている」「汚水処理場を早急に建設しなければならないのですが、その土地に困っている次第です」「突然のことで返事に困る」「ごみの捨て場所に困る」「首都に近いという点では申し分ないが、騒音公害には困りますね」

⇩くるしい（七五頁）

さいわい　〔幸い〕名詞　形容動詞　副詞

古語「さきはひ」の音便形「さいはひ」に由来する語。「さきはひ」は動詞「さきはふ」（自動詞四段）の名詞形で、「言霊《ことだま》のさきはふ国」の例からもうかがえるように、生命活動が盛んで人間に仕合わせをもたらす状態を言った。現代語でも、人間生活の万般において、生活行為を進める上で万事好都合で不足な気持ちを持たない恵まれた状態にいう。

分析　文法的には名詞としての用法のほかに、形容動詞・副詞、さらに「する」を付けてサ変動詞としても働く多彩な用法の語である。

(1)名詞としての用法

「旧師との再会で職を得、幸いにめぐり会えた」「よき夫との結婚で彼女は初めて幸いを得たのである」

精神的・物質的に満足できるような、不自由や不満のない恵まれた状態、つまり、〝幸福な状態〟である。このような恒常的な仕合わせな生活状態のほかに、その時に当たって好都合な状態に事態が展開していくことを「幸い」ととらえる場合もある。事態や状況が当人にとって偶然にも好都合な結果として働くことをラッキーなこととしてとらえる一時的で個別的な判断である。

「世の中とは皮肉なものだ。何が幸いになるかわからないのだからね」

これは次の動詞化した言い方と共通する。

⑵動詞としての用法

「Aが幸いする」の形で、生じた事柄Aが当人にとって望ましい好都合の結果として働くことを表す。

「天候が幸いして体育大会は予定通りつつがなく終了した」「この世の中は何が幸いするか予想もつかない」「風が幸いして相手の打つ玉はいずれも外野フライに終わった」「風が味方に幸いしたといってよかろう」

⑶形容動詞としての用法

「幸いなことに、内科には知ったお医者さんがいて、すぐに入院が許された」「入学の夢がかなえられるとは、実に幸いなことです」「もっけの幸いだ」「たまたま身分証明書を持ち合わせていたことは彼にとって幸いだった」「末長くご愛用いただければ幸いです」のように〝当人にとって好都合〟の意味で用いられることが多く、「幸いに暮らす」のような〝幸福〟の意味の用法は現在ではあまりない。

⑷副詞としての用法

「幸い手元に予備の品があったので、すぐに部品の交換ができた」のように「幸い……だ／幸い……する」の言い方のほか、「幸いにも遺失物は全部戻って来たので、実質的な被害はなかったと言っていい」のような例もある。

「幸い午後は授業がないので、さっそく引っ越しということにする」「幸いにも雨が上がり、日さえ差してきて、午後の観測には支障のない空模様」

関連語　しあわせ

「仕合わせ」はもと〝めぐり合わせ〟の意。善悪いずれの場合にも用いられた。プラスもしくはマイナス状態にめぐり合わせることは、人生の〝運〟である。のち、これが特に好《よ》いめぐり合わせの場合にのみ用いられるようになり、〝好運〟の意となった。初め「仕合はせよし／仕合はせ悪《あ》し」（古語）つまり「仕合わせがいい／悪い」という言い方をしていたものが、やがて「お前は仕合わせだ／仕合わせな人だ」のように、プラス状態の場合として専ら用いられるようになったのである。

つまり「仕合わせ」とは〝まわり合わせ〟〝めぐり合わせ〟言ってみれば〝運〟のことで、「仕合わせが悪い」（運が悪い）のように言うこともできる。「運」が「運／不運」と対照して〝好運〟をも表すように、「仕合わせ」も〝よい仕合わせ〟を表すのである。

「人の仕合わせを羨む」「どうぞお仕合わせに」「よき師にめぐり合えて仕合わせだ」「あ

りがたき仕合わせ」「仕合わせな人生」「二人で仲むつまじく、実に仕合わせな毎日だ」「仕合わせな晩年」「つくづくと自分の仕合わせを感じるこのごろです」「お前は仕合わせかい」「一緒になれる　倖せを、二人で夢みた　ほほえんだ」（星影のワルツ）、「しあわせなら手をたたこう、しあわせなら態度で示そうよ、そら皆で手をたたこう」

名詞と形容動詞の両方に働く。反対は「ふしあわせ」である。

幸福	仕合わせ	幸い
友の～を祈る		
～な毎日		
～に暮らす		
人の～を羨む		
～にめぐり合う		
先生にお目にかかれて～だった		
お伝えいただければ～です		
雨が～する		
～勝つことができた		
もっけの～		

関連語　**幸福**

「幸／不幸」つまり「幸」は〝さいわい〟〝しあわせ〟である。幸福は精神的または物質的に恵まれた状態にあって心配や不安がなく、満足感に明るく楽しい気分で満たされる状態。「幸い」と比べて「幸福」は恒常的な生活状態に使われることが多く、一時的な偶然のラッキー状態には用いない。

「子供たちに囲まれ幸福な生涯だった」「幸福に暮らす」「幸福な毎日が続いた」「幸福すぎて怖いようです」「貴兄のご幸福をお祈り申し上げます」「幸福者」「幸福の青い鳥」「仕合わせな毎日」のような恒常的な仕合わせ状態は「幸福」で置き換えることができるが、「ありがたき仕合わせ」のような、その場だけの仕合わせ状態は置き換えがきかない。「幸い」は、現代語では「幸福」と置き換えられる例はほとんどない。幸福と置き換えのきかぬ「仕合わせ」がほぼ「幸い」に相当する。

さすが　副詞　形容動詞

場面、状況、それまでの経過などからのなりゆきとして規定されてくる現状を、当然として認める（または認めざるを得ない）気持ちを表す。

分析　「さすがは……だ」「さすがの……も……」「さすが（に）……だ／だけあって……だ／……できない」「……はさすがだ」等の文型として用いられる。使用される場面としては二つある。

1主体側の当然の帰結として、〝やはり〟と現状を認める場合。

話し手の個人的考えに基づく場合と、世間一般の評価に基づく場合とがある。

「朝早くから働きづめなので、さすがに疲れた」「物識り博士と言われるだけあって、さすがに何でもよく知っている」「さすがに世界一速いと言われる超特急だ。あっという間に着いてしまった」「わずかの停車時間にホームでかきこむそばの味は、さすが本場だけあって格別だ」「さすが横綱だけあって強い」「さすがはベテラン先生だ。実に教え方がうまい」「奴はさすがだ。難関をみごと突破して最優秀賞を獲得したんだからね」「一位で合格とはさすがだ」

(1)〝場面、状況、それまでの経過などの条件からして、現在の結果は予想通り〟と受け止めるのである。それを逆に、(2)〝特筆すべき現状（結果）を生み出したことは行為主体の特異性による。そういう特異性を持った主体ゆえ当然〟と現状をとらえる。さらに、(3)現状を生み出したことを主体の手柄として讃える、といった(1)↓(2)↓(3)の発想の進展が見られる。いずれにせよ、現状を行為主体の能力や条件と結びつけてとらえるところに「さすが」[1]の発想がある。⇩やはり（二〇八頁）

[2]場面・なりゆきの当然の帰結として現状をやむを得ず認める場合。

〝行為主体の条件からして現状は当然〟と認める[1]に対して、〝行為主体はそうではなかったのだが、場面・状況・事のなりゆきなどの諸条件の帰結として、現状はやむを得ぬ〟と認めるのが[2]である。条件を主体側におくか、場面・なりゆき側におくかの違いである。「さすがに……ない」の形がよく現れる。

「うまそうなアイスクリームだったが、こう寒くてはさすがに手が出ない」「ああ折り入って頼まれては、さすがにいやとも断れない」「気丈な彼女も、さすがに目に涙を浮かべていた」「今度ばかりはさすがにこたえたらしい」「さすがのチャンピオンも年齢には勝てなかった」

〝うまそうなアイスクリームだから食べたい〟という主体側の欲求があるにもかかわらず、〝寒い〟という場面的条件から、やはり〝手が出ない〟という現状は致し方のないことだと、不承不承認めるのである。②の発想は、場面やなりゆきが優先して、主体側がそれに押し流されてゆくという不本意感に根ざしている。

さぞ　副詞

話し手の現在認知できない条件に対して、その立場にある状態を推測的に想像し、推量判断を下すときに用いる。

分析1 「さぞ」と推測する条件として次のものがある。いずれも話し手にとっては、現時点では未知の状態なので、推量的判断となるところに特徴がある。

①他所・他者の現在の状況

a、離れた場所の状況や環境条件

他者の現在いる場所についてだけでなく、話し手の過去の体験による想像、写真や他者の報告に基づく想像的推量にも使える。
「御地は南国ゆえさぞ暑いことでございましょうね」「(故郷は) 今ごろは秋祭りでさぞ賑わっているだろうな」「まあ、この写真のお花畑、奇麗ねえ。さぞ美しいことでしょう」「抑留されていたとか伺いましたが、シベリアは北極に近いだけあって、さぞ寒いことでしょうね」「アポロ宇宙飛行士の報告によると、月の世界というのはさぞ寂寥《せきりょう》とした殺風景な所にちがいない」
b、他者の置かれた環境条件
「彼も教頭職に就いて、さぞ多忙を極めていることだろう」「(新聞を読んで) 総理大臣なんて、さぞ神経の疲れることだろうね」
c、他所・他者の状態
「あれからもう二十年も経ちましたね。お子様方もさぞご立派に成長なされたことでしょう」「お嬢様もさぞお奇麗におなりあそばされたでしょうね」「三年もアメリカにいちゃ、さぞ英語がうまくなっただろう」
d、他者の感情・感覚など
「日本に着いたばかりで、さぞお疲れでしょう」「無事合格なさって、ご両親様もさぞ喜んでおられることでしょう」「子に先立たれて、さぞがっかりしたことでしょうね」

直接相手のこと（二人称）にも、第三者のこと（三人称）にも使える。

[2]他所・他者の過去の状況

([2]にもa〜dが見られるが一括して示す)

「戦後しばらくはさぞ食糧難に悩まされたことだろう」「子供が一人で何日も留守番して、さぞ寂しかったことだろう」「捕虜生活を何年も続けて、さぞ辛《つら》かったにちがいない」「氏の報告によると、当時の東京はまだ自然がふんだんにあって、さぞ住みよい場所であったにちがいない」「おばあさんも若いころはさぞ別ぴんだったにちがいない」

分析2 「さぞ」は、何かの手掛かりが契機となって、話し手の未知未見の事柄や状態を、その場面や状況の中にある立場として現在どうであるか、推測的に想像する語である。したがって、次の諸条件が前提となる。

1、推測する契機があること

二人称の場合……相手のようすから。相手の話によって。

三人称・その他の場合……他人の話や文章によって。報道によって。写真が手掛かりとなって。また、過去の自分の経験から。時の経過から、など。

2、過去・現在、ないしは現在までの状態であること

3、その状態を、話し手は現在、未知未見であること（過去の状態は知っていてもかまわない）

4、推測し、想像する事柄

他者のようす・状態・境遇・生活・感情など

他者の位置する立場の環境

他者の位置する場所のようす・状態など

事物や場所に接して、そこにいる者の立場を想定

5、未知未見のことゆえ、あくまで想像的推量であること

（他者、もしくは他者の占める環境の想像ゆえ、共感や同情の気持ちの伴う場合が多い）

関連語　さぞかし　さぞや

両語とも「さぞ」の強調した言い方。意味は変わらない。「さぞや」は文章語。「失業されてさぞかしお困りのことでしょう」「そちらは北国ゆえさぞかしお寒いことだろうと想像致しております」「学生時代から愛しあっていたお互い同士、今はさぞや仲睦《むつ》まじいご夫婦として羨望の的となっていることでありましょう」「あんまり煙突が高いので、さぞやお月さまけむたかろ」（炭坑節）

さだめし

関連語

「さぞ」と同じく、話し手の現在認知できない事柄を推測推量する表現として共通する。「……だろう／……でしょう／……にちがいない」と呼応する点も共通する。ただし、「さぞ」が現在と過去の状況についての推測判断であったのに対し、「さだめし」は現在・過去のほか、未来推量にも使える点、用法は広い。

「入学試験はさぞ（かし）むずかしいことだろうな」というとき、それはだれかの現在もしくは過去の入試経験を見聞して、その状況から推して〝どんなにかむずかしいことだろう〟〝きっとむずかしいにちがいない〟と推測する現在の判断である。一方、「入学試験はさだめしむずかしいことであろう」というとき、〝去年、おとどしと皆むずかしかったそうだから、この次の入試も恐らくむずかしいことであろう〟〝あの大学は競争率が高いことで有名だから、来年も恐らくむずかしいにちがいない〟という未来推量にもなる。「さだめし」には「今年は創立五十周年に当たるから、記念式典はさだめし盛大に行われることであろう」のように、未来の想像に使われる例が多い。「さぞ」は、話し手の外にある何かが契機となって、そこから他者の現状や境遇を推測する表現であるため、過去や現在の事柄となりやすい。一方、「さだめし」にはこのような手掛かりは必ずしも必要ではなく、話し手の主観による自由な想像の表現であるため、自然と未来や仮想の例が多くなる。

「接近している台風は超大型というから、さだめし大きな被害をもたらすことであろう」「土星の夜空は、美しい環やたくさんの月が浮かんでさだめし壮観なことであろう」「この調子でいけば、来場所は定めし小結か関脇だ」「大きな被害をもたらしたというから、さだめし大きな地震であったことでしょう」「使節団の団長として、さだめし下へも置かぬもてなしを受けたことであろう」「いたずらが発覚して、今ごろはさだめし大目玉を食っているにちがいない」「すっかりしょげ返っているところを見ると、さだめし先生に叱られたに相違ない」

「さぞ」は、他者や他所の既定の状態を思いやり共感する自発的感情。「さだめし」は、未定・未確認の状況を自由に想像して心にある固定像を描き出すかなり積極的な推量。「たぶん、恐らく、きっと」に近い。⇩きっと（六八頁）

さびしい〔寂しい　淋しい〕形容詞

あるべきものがそこになくて、心が満たされず楽しくない状態。

分析1　仲間や相手がいない孤独の、物悲しく心細い感じである。「私は寂しい」のように自身の感情を表すのが基本。特に「私は」とことわらず、「父に死なれて寂しい」「一人ぼっちの生活はたまらなく寂しい」「寂しい独り暮らし」と言えば、寂しいのは「私」に決まっている。

ところで、だれもが寂しいと感じるような場面や状況は、寂しいことがそのものの属性となる。「寂しい夜道」は、私が寂しく感じると同時に、人にも寂しさを感じさせる条件を備えている主体ということでもある。「寂しい裏通り」「寂しい裏町」など、さびれている地域が被修飾語となる場合は、人通りの少なさがその条件となり、〝人の少なさが醸し出す活気のなさ〟という客観的特徴を表す。このような「寂しい」は形容動詞「賑やか」と対義関係を持つ。「寂しい町／賑やかな町」

分析2　「寂しい」が、あるべきものが欠けるという状態であることから「懐が寂しい」「財布の中身が寂しい」のように「乏しい」に近い意味の拡大解釈が生じる。

「松の木を伐《き》ったので門の内が寂しくなった」「額や掛軸を掛けないと部屋がなんか寂しい」のように、場面が主体となるとやや客観性が薄れ、その場面にいる者の主観が加味される。

あってほしい物が消えたことによる物足りなさの情で、「口が寂しい」(口ざみしい)のような特殊用法も生じる。

分析3　人に寂しさを感じさせる情景もかなり客観性を帯びる。「寂しい眺め」「寂しい冬枯れの景色」など、それを眺める人間が寂しく感じることは、対象である景色自体が寂しさを持っているということである。それは、彩りを添える四季の風物がなくて心が沈むような感じを与える状態である。対象が感情を持つ人間である場合には、「寂しい人だ」「寂しい顔」「寂しい表情」「寂しい笑いを漏らす」「試合に敗れ、寂しく控え室に消えていく」

など、それを見る側が寂しさを感じるような様子とも（客観的な属性）、相手自身が寂しく感じているとも（主観的な感情）二様の解釈が成り立つ。

前者は「寂しい感じの……」で言い換えられる。後者は「……そうな」を付けて「寂しそうな顔」と言うべきだが、感情性の強い形容詞では省略されることが多い。

悲しそうな顔――→悲しい顔
恥ずかしそうな顔――→恥ずかしい顔
くやしそうな顔――→くやしい顔
うれしそうな様子――→うれしい様子

客観性の強い形容詞では右の省略はできなくなり、省略すると、そのものの属性を表すことになる。

（面白そうな顔……本人が面白いと感じている顔
面白い顔………こちらが面白いと思うような変わった顔

「いやな顔」は中間で、「いやそうな顔」とも「変な顔」ともとれる。

関連語 わびしい
必要なものが極端に乏しく悪条件にあるため、悲しくつらく感じるほどの強い心細さ。また、そのような感情を与えるほどの、ひどくみすぼらしい状態。
侘びしい……生活、暮らし、風景、格好
「寂しい」より、もっと感情性の濃い主観的な語である。

さわやか 〔爽やか〕 形容動詞

肉体や心を不快にする種々の条件や要素がいっさいないため、気分がすっきりする快感を受け、心地よい状態。

分析1 さわやかな……気分、気持ち、心地
「気分がさわやかになる」のように精神的な快感を表すプラス評価の語である。本来、すがすがしく晴れ晴れとした精神状態を表すので、気分・気持ち等の形容として用いられるが、そのような気分を引き起こす環境や対象の状態としても使用される。
さわやかな……季節、秋晴れ、朝、五月の風、朝の空気
さわやかさを感じさせる要素としては、「季節、気候状況（天候、気温、湿度）、空気の清浄さ、明るさ」等で、生理的な条件に支配される。

季節　秋、春
天候　快晴の日
気温　暑からず寒からず、涼しい感じが最もよい
湿度　空気がやや乾燥している状態
時間――朝

右の条件が最も「さわやかさ」を感じさせ、じめじめした梅雨時や、不快指数の高い夏は、さわやかな感じを起こさせない。特に「五月、秋、朝」などと結び付きやすい。もちろん、騒音がなく、心配もなく、睡眠も十分で、はっきりとしたすがすがしい気分でなければ「さわやかさ」を感じることはできない。「さわやかな目覚め」「十分寝たのでさわやかな気分」など。「さわやか」は受け取り手の精神状態と、その日の条件との一致から生じる生理的、心理的な感覚である。

分析2　「さわやか」な感覚を引き起こすのは自然条件だけではない。その対象に接する者にすっきりとした快感を与えるような状況や対象にも「さわやか」を用いる。

「弁舌さわやかに申し立てる」「戦い終われば敵も味方もない。両軍互いに相手の健闘を讃え合う、実にさわやかな一こまであった」

よどみない言葉、澄みきった気持ち、全体を乱す不純な要素がふるい落とされた状態は「さわやかな」状態と言える。

関連語 うっとうしい

「さわやか」とは全く逆の感覚である。

うっとうしい……天気、梅雨期、梅雨空、毎日、空模様

雨天・曇天、日照が足りなくて昼間なのに薄暗い状態。「さわやか」が不純な要素がないための快感なのに対し、「うっとうしい」は邪魔なものが覆いかぶさるようにあって、すっきりしない気分である。したがって、「ものもらいが出来てうっとうしい」「髪が目のあたりへ垂れてきてうっとうしい」「こんもり木が茂って家の中が薄暗く、うっとうしい」など、「さわやか」とは気分の面では対応しても、そのような気分を作り出す条件とは対応しないので、両語を置き換えた文章は成立しない。

したしい 〔親しい〕 形容詞

他者との人間関係が近い間柄にあること。そこから、他人同士のつきあい関係において、心理的に隔てを置かない状態をさし、さらに、「親しく……する」の副詞的用法をとって、対象の事物に関心・愛着を寄せて身近に接する行為にも使うようになった。

分析 1 形容詞的用法

形容詞「親しい」は本来、人と人との関係の近さをいうが、血縁関係にある者同士、たとえば親子、兄弟関係には使わないのが一般。夫婦も近い間柄が当然ゆえ、使わない。「親しい」は、離れた関係もしくは疎縁であって当然の他人同士が、何かの理由で互いに近い間柄にあるときにはじめて使えることばである。「AハBト親しい」文型として、助詞「と」を取るところから見ても、「親しい」関係はAB両者の相互関係（A側だけの一方的関係ではなく、ABの両者が主体として両立している関係）と考えられる。Aから見てB側の人は、上位者でも、友人でも、下位者でもかまわない。

「毎朝同じバスに乗るものだから、何となくあの人と親しくなっちゃった」「あの先生とは昔から親しくしていただいております」「前々から親しかった友人が亡くなった」「親しい隣人」「彼は悪友だから、あまり親しくするんじゃないよ」「見ず知らずの相手がとても親しそうに話し掛けてきた」「私はあの人とはそんなに親しくないから、ちょっと頼みにくい」「あの二人は最近急に親しくなった」「親しい仲」「何だ、婚約したのか。どうも最近あの二人は親しすぎて変だと思っていたよ」

知り合い関係から、懇意、さらに仲がよいまで、「親しい」には幅がある。人対人の関係以外にも、家対家、団体対団体、国対国の間柄にも使う。

「両家は以前から家族ぐるみの親しいお付き合いを致しておりましたが……」「アメリカは日本とは親しい間柄にある国だ」

動物や土地に、ある親しみを感じていたとしても、動物相手に「私の親しい馬」とは言わない。「なじみの馬」「乗り慣れた馬」など他の言い方で表す。土地も同様で、「私にとって親しい土地」とはふつう言わない。「なじみの土地」「住み慣れた土地」のように言う。物相手も、「恩師愛用の筆と思うと何となく親しみを覚える」とは言えても、「親しい筆」「親しい酒」のような言い方はできない。「親しみ」は、「AハBニ親しみを覚える」の文型からもわかるように、主体者A側から対象Bに対する一方的感情であるから（「に」の助詞関係）、人以外にも広く、動物、土地、物などを対象として親しみを覚えることは可能であるが、「親しい」はAB相互の主体的関係であるから（「と」の助詞関係）、Bは人格を持つものに限られる。したがって、連体形「親しい」によって修飾される語は次のような、人間を前提としたものである。

親しい………人、相手、友だち、知人、先輩、縁者、仲間、先生（人間）

家庭、両家、親戚、店、本屋、会社、国（団体）

（お）つきあい（人間関係）

②副詞的用法

「親しく……する」の形で動詞に係る場合は、

(1)「AハBニ親しく……ヲ……する」

(2)「Aハ親しくBヲ……する」

の文型を取って、主体Aがその対象Bに関心・愛着の心を寄せて自ら直接にある行為をくだす意を表す。「と」の助詞を取らないため、AのBに対する一方的行為となる。したがって、Bには人・物・事が入り得る。

「陛下は会場の一人一人に親しくお言葉を賜った」「総長が自ら親しく大学構内を案内して回った」「各国からの来賓は親しく手にとって一つ一つご覧くださった」「視察に来られた大臣は被災地を親しく見て回られた」

(1)は、「Bニ」対してAみずから事を行う意識が強く、(2)は、Aが「Bヲ」直接……する意識が強い。

関連語 したしむ

「AハBト親しむ／AハBニ親しむ」の文型をとる動詞。「君とは二十年来親しんできた仲だ。これからもずっと親友でいよう」と、Bに人が立つときは「Bト」文型をとり、物や事が入るときは「酒に親しむ」「書に親しむ」のように、「Bニ」文型となる。事柄の場合、Bには、

「酒、薬、本、書、漢籍、詩、読書、仕事、土」

などが入る。その対象にしばしば接することによって、その対象が自分の生活にとって身近な存在となっている状態のとき用いる。

「漱石の文学に親しむ」「友がみなわれよりえらく見ゆる日よ花を買ひ来て妻としたしむ」（石川啄木）

Bが人の場合は、互いに打ち解けあって仲よくしている場合に使え、また、「親しみやすい／親しみにくい」などの複合語として、人・物・所に用いられる。「親しみやすい顔」「何となく親しみにくい性格」「親しみやすい土地」「彼の描く絵はどれもみな親しみやすい作品だ」

この場合の親しむは、〝好きになる〟〝親愛感を持つ〟ことである。

「なじむ」も「親しむ」と似ているが、「なじむ」は、人対人の関係のほか、人対物、人の身体部分対物、物対物と広く二者関係に用い、その主体Aが、相手Bにしばしば接することによって、Bに合った状態にAが変じていくことを表す。「靴が足になじまない」「新しい土地になじむ」「人見知りをするものだから、なかなかまわりの友だちとなじまない」など。

「土に親しむ」は、人対土の関係において、主体たるその人間が好んで土（農耕）を愛し、いつも土をいじる生活状態にあることをいう。一方、「土になじむ」は、何か物対土の関係において、たとえば植木を他の土地に移植して、その異なる土質に木が慣らされてしまうように、主体側が相手に合った状態に順応していくことである。

すき〔好き〕形容動詞

その行為や対象に心が惹《ひ》かれ、それに接することによって心に喜びを感ずる状態。その反対に、それに接し、それに従うことに不快感を覚え拒絶したくなる状態は「きらい」である。

分析1

①行為のみを問題とする「好き」

心の赴くまま自由気ままに行為することに満足感や喜びを覚える状態にあること。その結果、その行為に従うことに熱中し、夢中であること。

「好きでやっている仕事」「何でもいい。お前の好きなようにしろ」「奴も好きだなあ。釣りのこととなると目がないんだから」

「物好き」もここから出た語。当人にとって〝好き〟な行動も、他人から見れば〝変わり者のしわざ〟としか映らない。当人が好きで自由気ままにふるまうことは、はたの者から見れば迷惑で勝手な行いかもしれない。〝好き勝手〟である。

「他人のことなどお構いなしに、好きなことばかりやっている」「そんな好きなことを言っても困る」「どうとも（お）好きに（なさい）」

〝自由な行為〟ととるか、〝勝手な行為〟ととるかは周囲に対する受容の有無でしかなく、「好き」自体は本質的に変わらない。行為のみを問題とする「好き」は「きらい」と対応しない。また「大好き」、動詞「好く」の言い方ができない。「きらい／大きらい／大好き／好く／きらう」は対象を前提とした語だからである。

②対象を問題とする「好き／きらい」

（「Aハ Bガ好きだ／きらいだ」「Aノ好きなB／Aノきらいな B」）

主体Aが対象Bに心を惹かれ、気に入り、よい感じを抱くこと。その逆の状態は「きらい」である。結果として、好きなBに対しては受け入れることを喜びとし、きらいなBに対しては拒絶反応を示す。その極端な状態が「大すき／大きらい」である。「好き／きらい」の対象となるものはいろいろある。

人……人、相手、友だち、選手、歌手（「人、相手」の場合は愛情を寄せている意となる）

物……食べ物、果物、花、絵

事柄……こと、点、学科、学校、政党、作品、小説、音楽、映画、柄《がら》、色、味、形、大きさ、景色

場所……所、国、町、店

行為……仕事、スポーツ、勉強、ゲーム、遊び

時間……時、時間、季節

このうち「こと、時、所、点／時間、季節、色、味、国、町……」など、いわゆる形式

名詞や、意味領域の広い上位概念の語は、「好きなB／きらいなB」の文型では使用できるが、「AハBガ好きだ／きらいだ」の形では使えない。「好きな時」とは言えても、「私は時が好きだ」は成り立たない。この場合は「，BハAノ好きなBだ」「Aハ，BノBガ好きだ」の文型を使う。

「京都は彼女の好きな町だ／彼女は京都の町が好きだ」「ダリヤは私のきらいな花だ／私はダリヤの花がきらいだ」「ベートーベンは彼の好きな音楽だ／彼はベートーベンの音楽が好きだ」「これは彼女の好きな絵だ／彼女はこの絵が好きだ」

しかし、一般に「Aハ，BノBガ〜だ」と言わずに、「Aハ，Bガ〜だ」と言ってすませる。

「数学は彼のきらいな学科だ」は「彼は数学の学科がきらいだ」と言わずに、「彼は数学がきらいだ」ですませてしまう。「バナナの果物が好きだ」とか「ボクシングのスポーツがきらいだ」のようには言わない。

なお、右のほか「Aノ好きなBハ，Bだ」の文型も用いられる。

「彼女の好きな季節は秋だ／秋は彼女の好きな季節だ／彼女は秋（の季節）が好きだ」

「好き／きらい」は「大」を付けて「大好き／大きらい」の言い方もできるが、文型的には変わらない。

分析2　「好き／きらい」は「……ガ好きだ／きらいだ」と格助詞「が」を取る。「……ヲ好きだ」とは普通言わないが、下に動詞が続く場合、たとえば、「（彼は）彼女が好きになる」「彼女が好きだと思う」のような例では「を」が現れやすい。ガ好き文型では、行為主体と行為対象とが、それぞれ「彼」「彼女」のどちらであるのか見分けがつかない。「彼女」は好かれる対象とも、好く主体者とも解せる。（「彼」も同じく両様に解せる）ヲ文型ではそのような混乱は生じないから、必然的にガ→ヲの移行が生じるのであるが、「……ヲ好きだと思う」のほうは、「……ヲ（好きだ）ト思う」の構文と解すれば、ヲ格は「思う」の目的語となるから、文法的に正しい。「彼女をまだ子供だと思う」など、「名詞＋だ」がト格に入った例と同じ構文と解するわけである。「彼ヲ好きになる」の場合は、「彼ヲ……なる」と、目的語のヲ格を自動詞「なる」で受けることは不可能であるから、規範的な文型と認めるわけにはいかない。「彼女を好きだ」のような形はもちろん誤用である。

すばらしい　〔素晴らしい〕形容詞

そのものの質・内容がきわめてすぐれていて、立派だと感じる状態。

分析　「まあ、この牡丹《ぼたん》の花、すばらしい！」「花嫁さん、すばらしいわ！」と、対象から受けた刹那《せつな》的印象として、感嘆・賛美の言葉ともなるが、多くは「あそこはすばらしい庭園だ」「すばらしい論文」「今日はすばらしい一日だった」のように、そのものの質や内容が高く、充実していて、みごとさを感じさせる状態にあることを表すのに用いる。判断として、かなり分析的で、「すばらしい成績」「すばらしい講演」「すばらしい小説」など、内容を検討し、批判的に眺め、その質の高さと完全さを立派だと認めるのである。内容と質を問題とする判断なので、〝きわめて優れている〟という判定意識が働いているのは、「すばらしい出来映え」「目のつけどころがすばらしい」のような言い方が可能なことからもわかる。「すばらしいアイデア」「すばらしい試合だった」

すばらしい……文学、人生、思い出、成果、仕上がりのような、内容を分析できるもののほか、

形態「腰の線がすばらしい」「すばらしい枝ぶり」

色「すばらしい色彩」「すばらしい色艶の肌」

音「すばらしいソプラノの声」「すばらしい音色の笛」

匂い「沈香《じんこう》のすばらしい香り」

味「本場コックが作ったすばらしい料理」

力「すばらしい威力」「すばらしい迫力」

その他の感覚「絹織物のすばらしい感触」「すばらしい快感」「一気に斜面を滑降するときのすばらしい気分」「すばらしい雰囲気に包まれている」

など、対象や状態を全一的なものとしてとらえた「すばらしい」がある。これらは、快い

と感じるその感覚や気分の質の高さを表し、強いプラス評価を含む語である。「すばらしい」に〝きわめてよい〟の意が含まれているわけだが、「すばらしい美声」「すばらしい快感」のような二重表現によって、単に程度のはなはだしさを添える〝きわめて〟〝非常に〟の意に転じていく。

この用法は特に連用修飾（形容詞・形容動詞に係る連用形）の場合に際立つ。すばらしく……速い、面白い、美しい、しなやかな体、きれいだ、ハンサムな青年

本来プラス評価の形容語に係り、そのプラス性を強調する。「すばらしく遅い」「すばらしく汚い」など、マイナス評価の語に係る言い方はしない。

連体修飾も、「美しさ」のようなプラス評価の形容語に由来するものには係る。

すばらしい……速さ、面白さ、しなやかさ、喜び

関連語　**素敵な**

「すてき」も「すばらしい」と同じような意に用いられるが、「素敵な成績」とか「素敵な試合内容」「素敵な成果」といった言い方はしない。「すてき」は「すばらしい」と違って、内容や質の分析的判断ではなく、「素敵な印象を受けた」のように、表面的な状態から感じる印象を言うからである。しゃれて、気のきいた、ちょっと自分のものにしたくなるような有様から感じる印象である。内容や質を問うているのではない。だから、たいし

て金のかからない小物でも、外観がよければ「素敵なサンダル」「ちょっと素敵なハンカチ」「素敵な切手」と言える。「すばらしいサンダル」や「ハンカチ」では、大げさすぎて、ふつう言わない。「すばらしい」は中身・質の上等を言うのであるから、豪華で贅沢な品物でないとおかしい。「すばらしい衣装」「すばらしい絨緞《じゅうたん》」と言えば、金額の張る上質で贅沢な品物を考え、「すてきな」と言うとデザインや色彩・柄・模様などが人目を引く、しゃれた品物を考える。人間の場合も、「すばらしい先生」は学問や教育技術に感服したときに言い、「すてきな先生」はハンサムとか、スタイルや服装など、外見の格好よさに参った場合に言う。

せっかく〔折角〕名詞　副詞

実現の困難な事態、もしくはめったに生じない事態、かけがえのない事態、価値ある事態などが実現して、その事態を有効に利用しようとするとき、もしくは、残念ながら利用できないときなどに用いる。

分析1 「せっかくの努力／好意／親切／機会／苦心」のように、名詞に係る言い方や、「せっかくだから一杯いただきましょう」「せっかくだがお断りする」と断定「だ」を続ける名詞的用法のほか、「せっかく行くのだから」「せっかく行くのに……」「せっかく行くというのに……」と動詞を続ける副詞的用法がある。「せっかく静かなのに……」と形容動詞の続く言い方や、「せっかく美しいのに……」のような形容詞を伴う言い方も僅かながら見られる。

分析2 「せっかく」で提示された事態は、その裏に、事態実現に対しての何らかの結果が伴っている。その事態と結果との意味関係から、事態に反する結果が現れる場合（逆接関係）と、事態に合った結果を導く場合（順接関係）とに分かれる。また、事態そのものには、あらかじめ目的を持ってなされる意志的な行為と、そうでない事態とがある。

1 結果が事態に反する場合

(1)意志的行為の場合

目的が先行し、それに従って事態が実現する場合である。

「せっかくの努力も水の泡になった」「せっかく一生懸命覚えた語学が何の役にも立たなかった」「せっかく根回しをしておいたのに、さっぱり効果がない」「せっかく仕入れた品がみんな値下がりしてしまった」「せっかく教えてやろうと思ったのに、断るなんてひどい」「せっかく出馬しようというのに、だれも応援してくれない」「前進の命令が下り、その堤防に添って右手に行った。折角むいた鶏はおいて行った」（火野葦平『土と兵隊』）

目的に従って苦心して（もしくは、わざわざ）実現させた事態が有効に働かないの

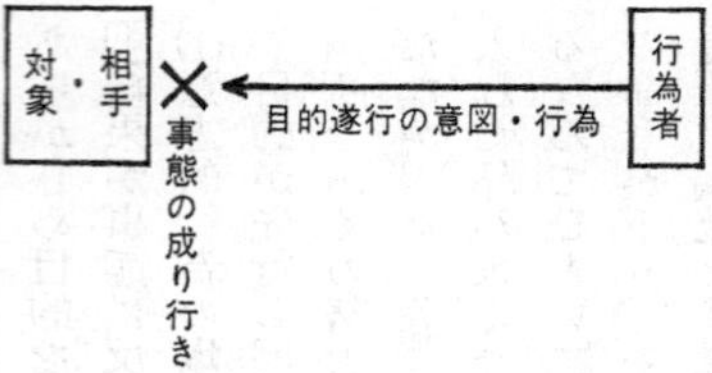

である。行為者の意志と無関係に、周囲の情勢や事の成り行きから、結果的にその行為が生きない場合と、相手がそれを受け入れてくれない場合とがある。そのため行為者にとって〝残念だ〟という気持ちが生まれる。ある目的に従って行為したことの結果が裏目に出るのである。

また、その行為の目的に反する結果を意志的に示し行う場合もある。

「彼はせっかく清書した原稿をみんな破いて捨ててしまった」「せっかくおろした金をまた預金するんですか」「せっかくですがお引き取りください」

(2)客観的事実の場合

結果とは関係なしに存在する事実を、話し手の意識としてある目的を持たせ、その目的がじゅうぶんに果たされていない（もしくは、果たせない）ことを残念がるのである。

「せっかくの人材をこんな職場で埋もらせてしまうとはもったいない」「せっかくの休日だというのに、客が来てしまった」「せっかくの運動会もこの雨ではだいなしだ」「せっかくの大作もこんな場所に飾っては全然映えないね」「せっかくの才能を生かせないとは」「いつも閉じた状態だと、すべてが机上のプランで終わってしまい、せっかくの鋭い批評も経験不足という批判を免れえない」

客観的事実が話し手によって価値づけられ、その価値が何かの事情でじゅうぶんに発揮できないのである。そこに〝不本意〟な気持ちが生じるのである。連体修飾句「せっかくの～」となる例がほとんどである。

なお、話し手にとって価値があると思われる事態ゆえ、その価値をこの機会にじゅうぶん発揮すべきだ、発揮したいと考える積極的態度の場合も見られる。

「私は今、せっかく画一的な考え方をしなくてもよい立場にいるのだから、精神的にもっと大きな窓をあけ、少しぐらい偏屈な考え方もしてみたいものだ」

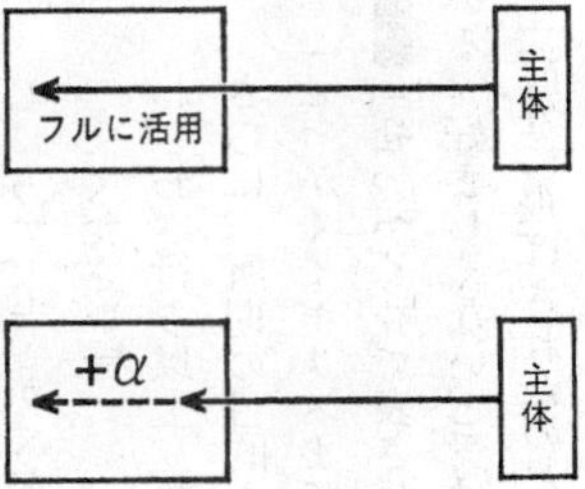

②事態に合った結果を導く場合

目的に合わせて意図的により以上の効果を引き出すのである。

「せっかく代表に推薦されたのだから、快く引き受けるべきだ」「せっかく選挙に出馬するのですから、どうぞ応援してください」「せっかくの休日だから、皆でどこかへハイキングに行くとしよう」「せっかく来たんですから記念写真を一枚撮って行きましょう」「せっかくおいでくださったのですから、どうぞもっとごゆっくりしていってください」

わざわざ行う以上、所期の目的をじゅうぶん効果的にさせるよう意図するのである。さらに、所期の目的を達するついでに、もう一つの成果をねらう場合もある。

「せっかくイギリスまで行くんだから、ついでにフランスにも寄って来よう」

分析3 「せっかく」で表される以上、それは話し手にとって価値ある事態と受け止められている。好ましくないと受け止めている事柄の場合には「せっかく」を使うことはできない。「海外に飛ばされたのだから、この機会に語学でも勉強するか」は「せっかく」を使うことができない。「せっかく外国勤務を命ぜられたのだから、この機会に語学を勉強しよう」

関連語 **わざわざ**

よりかんたんな解決策を避けて、ことさら面倒な負担の多い行いを、手間暇かけてするときに用いる。「せっかく」には、そのような回り道の意識はない。どっちみち成立する事態に対して、ただその結果が、成立する事態に相応するほどの成果を挙げられるか否かを問題としている。したがって、事態と結果をつき合わせる意識のないときには「せっかく」を使うことができない。

「わざわざ遠回りすることはない」「僕のためにわざわざ買ってきてくれた」「わざわざ出掛けるなんて大変だ。電話ですませよう」「わざわざ行くなんて無駄だよ」

これらは、行為のみを問題とする「わざわざ」である。「せっかく」との置き換えはできない。「せっかく」との置き換えができる例は、その行為の代償として成立後の結果を問題とする場合である。

「わざわざ（／せっかく）教えてあげたのにちっとも喜ばない」「わざわざ（／せっかく）取り寄せた品を気に入らぬからといって突っ返すとは何事だ」

「わざわざ」は意志的な行為を導く。「せっかく休めるというのに、何で出勤しなくちゃならないの」「せっかく調子が出てきたというのに、休場とは残念だ」のような無意志性の事態には「わざわざ」は使えない。だから、「せっかく……冷えている」と無意志的事態に係る

「せっかく冷えているジュースを温めて飲むなんて、ばかな話だ」

も「わざわざ」に換えると、「わざわざ……温めて」と意志的な行為「温めて」に係ってしまう。

「せっかく」は事態に係り、「わざわざ」は行為に係る。現在の事態を表す「せっかくだが……」「せっかくの〜」は「わざわざ」に置き換えることができない。

ぜひ〔是非〕副詞

是が非でも、つまり良くても悪くても必ず、の気持ち。後に依頼・希望・願望などの表現を伴う。

分析1 「近くへお越しの節は、ぜひお立ち寄りください」「ぜひお伺いしたいと存じます」「ぜひお目にかかりたい」「志望校にぜひ合格してもらいたいと思います。頑張ってください」など。

自己または他人に対する意志的な行為・状態の願望で、無意志的な場合に使うと不自然になる。「今年の冬はぜひ雪が降ってほしい」は不自然な表現である。「今年の冬は雪が降るといいが」ぐらいが適当である。「春よ来い。早く来い」も「ぜひ来てください」とは言えない。「ぜひ」は「……てください／……てほしい／……てもらいたい／……たい／……しよう」などの意志的な表現と呼応するので、用いる対象は人になる。

分析2 「ぜひ」は「ぜひとも」の形でも用いられる。

「ぜひともお越しください」「あの大学にぜひとも入りたい」「今度の選挙にはぜひとも当選しなければならない」など、「必ず」「きっと」に近い強い願望や意志を表す。「何としても」「何はともあれ」などと共通する用法で、「ぜひ」には見られぬ強調の用法である。

せめて　副詞

満足できない現在の状態の中で、過分の期待は無理であると承知し、理想を満足のできる線にまで無理に下げて、それを期待の基準とすること。

分析「せめて手紙の一本もよこせばいいのに」「八十点とは言わないまでも、せめてあと五点取れればよかったのに」「せめて七十五点あれば、なんとか合格できたのだが」「百歳とは言わぬが、せめて八十歳ぐらいまでは長生きしたいものだ」「怪我をしただけで済んだのが、せめてもの幸い」「せめてもう一回会えたらなあ」「贅沢はしたいと思わない。せめてあと魚の一切れも余分にあれば、それで満足」「せめてもう一時間早く着けば親の死に目に会えたのに」など。

不満、不幸、悲嘆、苦痛といったマイナスの状態に置かれている者が、分相応に最低線の期待をするさまに用いる。これは未来表現になるが、過去表現になると最低線にすら達しなかったことを嘆く気持ちとなる。裏返せば〝最低線に達していれば、それで満足するのに〟という消極的な肯定の気持ちになる。現状は否定するが、最低線のささやかな満足が得られるなら肯定するという、否定と肯定が背中合わせになっている語。「少なくとも」と、はなはだ近い発想といえる。

～たい　助動詞

動詞に直接、または受身・使役の助動詞（れる、られる／せる、させる）を介して動詞に付く。連用形に接続する形容詞型活用の助動詞。その動詞の表す動作・行為が実現し、行われることを主体が希望していることを表す。文型によって、希望の主体や対象に差が現れる。⇩ほしい（一八七頁）

分析1　普通ただ「水が飲みたい」と言えば、「私は水が飲みたい」に相当する話し手自身の希望となる。他者（三人称）の希望とするためには「彼は水が飲みたいのだ」と「の／ん」を用いるか、「彼は水を飲みたがっている」のように「たがる」を用いる。その他「彼は水が飲みたいらしい」「彼は水が飲みたいそうだ」「彼は水が飲みたいと思っている」のような、推量や伝聞などの助動詞によって客体化するか、もしくは「と思っている／と考えている／と言っている」のような説明的な引用句で「飲みたい」の主体を客体化する。⇩-がる（五九頁）

また、聞き手（相手、二人称）の希望となるのは「あなたは水が飲みたいのですか」「君も水が飲みたいの（かい）？」「あなたも水が飲みたいのですね」「あなたは水が飲みたいのでしょう」のように、疑問文ないしは念押し確認の文の場合である。結局、右に述べたような要素の何も付かない「Cガ……たい／……たくない」の言い切りの形の場合は、話し手自身の願望を表す文となる。

「たい」の希望表現は、以上のようにだいたいは「Aハ Cガ……たい」文型を取って、対象Cに対して主体A自身が……することを希望している意を表す。その主体Aは、一人称、二人称、三人称いずれの場合もあり得ることは右に見てきた通りであるが、「……したい」の希望主体が「Aハ」のA自身である点では一致している。

ところで「Bハ……されたい」と「たい」の前に「れる／られる」「なさる」「下さる」「いただく」「願う」などが立つ場合には、

「詳しくは以下の参考文献を参照されたい」「明日十時、印鑑持参のうえ、当事務所窓口まで出頭せられたし」(「たし」は「たい」の文語形)、「補欠合格者は明日、再度出頭いただきたい／出頭願いたい」「これでご勘弁いただきたい」「ご理解をちょうだいしたい」「手続きは各自でなされたい」

のように、相手B(二人称)が……するように希望する話し手の意志となる。いわゆる誂《あつら》望《ぼう》(あつらえのぞむ)表現である。「たい」の誂望表現は右例からもわかるように、文語的な固い表現となる。口頭語では「……てほしい」「……てもらいたい」などの言い方を用いる。⇩ほしい(二八七頁)

分析2 「たい」の前に立つ動詞は、文型によって差が見られる。

(1)「Aハ (Cガ)……たい」

自動詞「坐りたい、行きたい、帰りたい、泳ぎたい」他動詞「飲みたい、食べたい、見たい、読みたい、……したい」など意志的な行為を表す動詞が来る。主体Aがその行為をなすことを欲する〝希望〟である。

(2)「AハBニ……られたい」

受身「れる／られる」を介した言い方で、「先生に賞められたい」「少し風に吹かれたい」と、意志的な動詞にも、無意志的な現象や作用を表す動詞にも続く。

(3)「AハBニ……てもらいたい」

Bが何かをなすことをAが誂望《ちょうぼう》する場合。Bに人間を立て、意志的な動詞を置き「少しは静かにしてもらいたいね」「まじめに勉強してもらいたい」「早くやってもらいたい」のように言うほか、無意志的な動詞を立てて「こんなに世話の焼ける病人なんか真っ平だ。早く治ってもらいたいよ」「台風に早く去ってもらいたいと願うばかりだった」「早く春になってもらいたい」のように言うが、自然現象や事柄がBに立つ場合は、多分に擬人的である。「(雨に)早く止んでもらいたい」とか「(汽車に)早く来てもらいたい」など擬人化して言うことは、特別の場面設定があるならともかく、普通の場合には不自然である。「Bニ……てもらう」文型は、人間をBに立てた表現形式で、非情物は特別のものを除いて成り立たない。「Bニ……てもらいたい」も、Bは本来人間（有情者）なのである。この点が「Bガ……てほしい」の言い方と相違するところ。なお、「Bガ……するといい／

……するといいなあ」の願望表現が最も一般的な、何にでも使える言い方である。

分析3　主体の希望する行為の対象Cは、「お茶が飲みたい」「人のためになる仕事がしたい」と物や事柄が立つほか、「学校へ行きたい」「彼女に会いたい」「先生とお話したい」「東京まで行きたいのですが」「ここから逃げ出したい」と、さまざまの格助詞を取って、人や場所なども対象Cとなる。

ところで、他動詞が「たい」に先行する場合、他動詞の目的語Cは、「Cガ……たい／Cヲ……たい」の二様の格に立つ例が見られる。「私はおいしい果物が食べたいのです／果物を食べたいのです」のように、「Cヲ」の形も使われるが、「果物を食べたいと思って買い物に出掛けました」「果物を買いたくなって……」「京都を見物したいと希望する」など「たい」の後にさらに動詞が続くときは、その動詞に引かれてヲ格となりやすいという傾向は確かに見られる。しかし、「私は手を洗いたいのですが、水道はどこでしょうか」「まず汚れた部屋を掃除したい」「バケツの水を捨てたい」のような例になると、むしろ「……を……たい」の形が自然で、「手が洗いたい」とか、「部屋が掃除したい」「水が捨てたい」という形のほうが遥かに不自然である。もちろん、自動詞「公園を散歩したい」の〝移動の行われる場所〟や、「下宿を出たい」〝移動の起点〟などの例は「……が……たい」文型は成り立たない。

分析4　「Cガ……たい／Cヲ……たい」の使い分けが問題となるのは他動詞の場合で、

「AハCヲ……する」の目的語「Cヲ」が、希望表現文型の中に入り込むと、「Cガ」に変じる場合と変じない場合とがあるところに問題がある。

「Cガ……したい」と言うとき、この「Cガ」は強勢の「が」で、「ここが私の家です」「私が行きます」などの「が」と同じく、転位文の中の「が」である。普通の判断文「……ハCです」を転位させた強調文でもある。

「行くのは私です→私が行きます」

「飲みたいのは水です→水が飲みたいのです」

さて、上段の判断文では「行くのはだれか？／飲みたいのは何か？」に対する解答として、「私です／水です」と判断を下している。話し手の言いたい部分は述語の解答部分にあるのは言うまでもない。したがって、この主語・述語の順序を逆にした下段の転位文でも、「だれが行きますか？／何が飲みたいのですか？」の問いに対する解答として「私が……／水が……」の解答を示している文と見てさしつかえなかろう。「Cガ……たい」文型では、「行きたい／飲みたい／何々したい」という希望意識の前提があって、その希望の内容が何であるかを具体的に示すための表現と言っていい。「私はジュースやコーラではない、水が飲みたいんですよ」表現意図は「水が」の名詞部分にある。

一方、「Cヲ……たい」文型は普通の判断文であるから、「私ハCヲ……する／……したい」の主語「私は」が前提となり「私はCをどうするのか？」の解答として「……したいのだ」と判断を示す。「私は水を……捨てたいのでも、汲みたいのでも、流したいのでもない。飲みたいのだ」話し手の表現意図は「……したい」の動詞部分にある。

そこで、対象とする事物Cと、希望する行為「……したい」との関係において、そのどちらが話し手の真に要求する具体的な内容なのかを見極める必要がある。〝その対象が〟なのか、〝なにを……することを〟なのか、どちらが希望意識の対象として取り上げられているかを見極めるのである。一般に、希望意識の対象は漠然《ばくぜん》としたものより詳細で具体的になりやすい。「あなたのその美しい手」と概念を限定し具体化すれば、希望の対象意識となるから「あなたのその美しい手が見たい」と、ガ文型を取って希望の内容提示文となる。ただ「手」では、概念が漠然として広すぎるため、〝手をどうしたいのか〟という課題意識となりがちで、解答部分は「……したい」の述語部分にまで持ち越される。

「手を……叩きたい／洗いたい／拭きたい」

のように「……を……たい」文型となる傾向が強まる。

なお、「轢《ひ》きたい、殺したい、なぐりたい、やっつけたい、洗いたい、切りたい、割りたい、破りたい……」などの行為は、対象も「何を」と、はっきりしないのに、とにかく切ったり破ったりしてみたいなどと考えることは普通あり得ないから、希望の前提意識としてまず「……したい」と動詞部分を提示するガ文型とはなりにくい。「髪が切りたい」とか「紙が破りたい」などとは言わない。〝何でもいいから、とにかく破りたいのだ〟との欲求が先立って存在することはよほどの異常な場合に限られる。そこで「背中・掻きたい」の組み合わせなら、〝何でもいいからどこか掻いてやりたい〟のような異常欲求なら「どこが掻きたいのか？／背中が掻きたい」となるであろうが、普通ではない。「背中」が問題意識としてまず登場し、〝背中をどうしたいのか？〟の解答判断として「背中を掻きたいのだが、どうしても手が届かない」のようなヲ文型が現れる。一般に「……を……する」文型を希望表現に変えると「を」は「が」に置き換えられると説かれているが、「……が……たい」の発想は意外に少ない。多くの動詞は、特定の対象があって初めてどのようにしたいのかを考える動作や行為である。対象もないのに、むやみと……したいと考えるような本能的な行為ではない。「何か飲みたいな」と思うから「水が飲みたい」と言えるのである。「何か捨てたいな」とか、「だれかほめたいな」などという発想は日常生活では存在しないから、「水が捨てたい」とか「人がほめたい」とは言わないだけである。「この水をどうしようか？」「彼をどうしてやろうか？」と考えるとき、初めて「この水を捨てたいのです」「彼をほめてやりたい」という希望判断が生まれる。

「何が」のCに人間が立つ場合には、「だれそれが……したい」となって、C自身が希望主体となってしまうため、ガ文型は成り立ちにくい。そのため「彼女が愛したい」「彼が認めたい」とはならず、「彼女を愛したい」「彼を認めたい」のようにヲ格を取って、その人物Cを希望の対象にすえるのである。

分析5 接尾語「がる」「さ」が付いて「……したがる」「……したさ」の派生形を造る。「子供たちはプレゼントの中味を見たがっている」「怖い物見たさに、恐る恐る蓋をあける」

関連語 希望する

「希望」は未来にかける期待。現状はまだそうではないが、いずれそれが実現するよう願うこと。そこから、サ変動詞化した場合も、自身や他者に関する事態が、話し手の望む状態へと変わることを願う行為。「たい」と違って、主体の内意に根ざす直接的な願望表現ではない。他者からし向けられた事柄や、外在する与えられた権利に対して、それを受け入れたいかどうかの判断提示である。「水が飲みたい」と思うとき「水を飲むことを希望する」などとは言わない。外から水を向けられた事柄、たとえば「いずれか一方に○をお付けください／現地見学を希望する／希望しない」「僕は今度の海外研修旅行に、参加を希望しようと思う」「希望すればいつでも有給休暇は取れますよ」「こっちは何も希望しなかったのに、今度海外支店詰に配置転換されちゃった」「大学への進学を希望する」「職員懇親旅行と観劇と、どちらを希望なさいますか」

「大学へ進むことを希望する／進学を希望する」のように、「動詞＋ことを希望する／名詞＋を希望する」の形で、主体の希望を表し、「……してほしいと希望する／……してくれと希望する／……してもらいたいと希望する」などの形で、他者に対する誂望《ちょうぼう》となる。
⇩ほしい（一八七頁）、のぞむ（一七三頁）
「私は進学を希望したい／進学したいと希望する」のように「たい」と一緒にも用いられる。

たのしい〔楽しい〕形容詞

気にかかることなどが全くなく、明るい満たされた心の状態を指す。


分析「楽しい」は、ある環境、場面、状況に身を置くことによって、緊張感や不快感が消え、喜びを切に感じる状態。継続的な状態である。

「飲んだり食べたり歌ったり、楽しい一日だった」「皆で楽しく遊ぶ」「家族そろって楽しいお買い物」「今日は楽しい遠足の日よ」など。

「楽しい」で表される飲食、団欒《だんらん》、遊戯、物見遊山などが、もともと楽しい気分を作り出す事柄であることからも分かるように、「楽しい」は「うれしい」と違って、そのような感情を起こす直接の対象を持たない。「うれしい」は、

「時計を買ってもらったのがうれしい」「父に誉められたのがうれしい」「大学にはいれてうれしい」

のように、うれしさを起こす原因、うれしさを感じた対象を、受身形や可能形で文面に表すことができる。しかし、「楽しい」は、「バスに乗れて楽しい」「バスに乗ったのが楽しい」などと言わない。「行き帰りのバスが楽しかった」のように、楽しい気分になれた場面や環境、状況などを示すにとどまる。「田舎暮らしも楽しいものだよ」「狭いながらも楽しい我が家」「買い物に行ったり料理を作ったり、忙しいが結構楽しい」など。

「楽しい遠足」も、ただ遠足という状況に身を置くことを楽しいと感じているのであって、楽しさを感じる対象を具体的にこれと示すことはできない。「楽しい思い出」と言えば、「遠足、運動会、修学旅行、文化祭……」といったような行事や、「皆で先生のうちへ遊びに行ったこと」のように、漠然とした行為しか出てこない。それは、「楽しい」が場面や状況と結び付いた感情だからである。「うれしい思い出」と言えば、「試験で一番になったこと」とか、あるいは「クラス会で旧友に会えて」というように「××のとき××したこと」と具体的な事実が出てくる。しかし「楽しい」には「××しているとき」しか出てこない。

なお、「楽しい思い出もあれば、いやな思い出もある」のように、「いやな」が反対語として登場するが、「いやな」は具体的な事実と結び付いている語である。⇩うれしい（三

六頁）

愉快な

関連語

「愉快な」は、「愉快だ／不愉快だ」の対応で「楽しい／いやだ」と類義関係をとる。「楽しい一日／愉快な一日」「いやな一日／不愉快な一日」

「愉快」は「楽しい」と違って、はっきりとした対象や原因がある。ある事物が普通とは違う状態（多くはマイナス評価の状態）にあるため滑稽味が生じ、それに接して快感を覚えたり、陽気になる気分。そのような感情を起こさせる事物の性格をも表す。

「愉快なサーカス」「あいつ、まんまと引っ掛かった。愉快愉快」「釣りのことになると、さも愉快でたまらないというふうに得々と話す」「愉快な冗談も度が過ぎると不愉快になる」

「愉快／不愉快」は反比例の関係になる。相手が不愉快なほど、こちらの愉快度は増すという、サディズム的面を持つ。「愉快な失策」「あの落語家は実に愉快な顔をしている」のように、マイナス評価の度が高いことに快感を覚え、罪のない笑いを通して、漫画的状況を作り上げ、プラス評価へと塗り変える。

「狐と狸のだまし合いとは愉快じゃないか」「酒でも大いに飲んで愉快に歌おうじゃないか」

「愉快」は「面白い」と「楽しい」の二つの意味を持った語と言えよう。⇩おもしろい（五五頁）

関連語　**面白い　愉快な　うれしい**

手紙・話など、言葉によって内容を伝えるものには、これらのいずれもが使える。音楽・踊り・遊びのような、言語でないものには、「うれしい」が使えない。

「面白い手紙／愉快な手紙／うれしい手紙／楽しい手紙」は次のように意味・ニュアンスが異なる。

○面白い手紙……内容や表現が興味をかきたて、笑わせ、読者を飽きさせない手紙。
○愉快な手紙……内容や言い回しが普通とはやや違って滑稽味があり、そのため読み手を陽気にさせる手紙。
○うれしい手紙……こちらを喜ばせるような内容を記した手紙。合格通知など。
○楽しい手紙……内容が明るいニュースで満たされ、気分が晴れやかになるような手紙。

つくづく　副詞

物事にひたすら心が引き込まれるさま。深く引き込まれて、見入ったり、聞き入ったり、感じたり、考え込んだりする場合に用いる。

分析　その対象に心が引き寄せられる状態としては、感覚を集中する場合、その事柄に深く感じさせられる場合、考え入る場合などがある。

「懐かしい楽の調べにつくづくと聞き入る」「あまりの美しさにつくづく眺め入る」「これが自分の顔かと、鏡の顔につくづく眺め入る」「霧雨のこまかにかかる猫柳つくづく見れば春たけにけり」(北原白秋)「つくづく世の中がいやになった」「人世の悲哀を身にしみてつくづく感じる」「つくづく自分の行く末を考える」

「つくづく」は深い感慨に打たれて、つい見たり聞いたり考えたりしてしまうさまである。行為の念の入れ方をいうのではなく、深く感じ入っている結果、行為に念が入ってしまうのである。その意味で「つくづく」は意志的、作為的行為ではなく、自然発生的な行為と言える。

関連語　しみじみ

「しみじみ」も同じような意味で用いられる。しかし、これは「つくづく」と比べて、かなり意志的、作意的な行為といえる。「しみじみと聞かせる話」「しみじみとした気分にさせられる」「不幸な友人の将来についてしみじみ考える」「しみじみと語って聞かせる話術」「心境をしみじみ打ち明ける」「今の自分がしみじみいやになった」など。

「しみじみ」は心に深くしみ入るさまをいう。おのずと感じ入る状態から作為的にそうする状態まで、かなり幅がある。「しんみり」に近いが、「しんみり」は心が沈んでいくようなしめやかさを感じさせる状態で、心や場の雰囲気を言うのに用いる。

関連語　しげしげ　まじまじ

両語とも他人の顔などを見るさまに用いられるが、「つくづく見る」のような深い感情を伴っていない。「しげしげ」は念入りに何度もよく見る。見ること以外にも「しげしげと通う」など行為の頻繁さに使用される。「どこかで見た顔だと、しげしげと見る」「子供の寝顔をしげしげと眺めている」など。

「まじまじ」は、かなりあからさまに、じっと見つめるさま。「じろじろ」ほどぶしつけではないが、目をすえて深く見つめるさまに用いる。

つまらない　形容詞

あることが原因して心楽しむ気分がわかない状態。心が興味や面白さで満ち足りる状態にならないこと。

分析1　「一人で留守番なんてつまらないな」「何もすることがなくて、つまんない」「つまらないから何かもっと楽しいことをして遊ぼう」「一匹も魚が釣れないからつまらない」

退屈であったり、楽しさの不足が原因で起こる一時的な精神状態であって、「つまらない」はこのような自らの精神状態を表す語であるが、ある対象に向かったとき、だれでもこのような感情に陥るとすれば、それはその対象が「つまらない」性質を属性として持っていることになる。「つまらない小説」「つまらない映画」「つまんない試合」など、興味を与える目的のもの——芸術、芸能、スポーツ、娯楽、趣味的なものなど——が対象となるとき生じる気持ちであって、〝興味がわかない〟〝面白くない〟の意である。これは「面白い」と対義関係にある。「つまらない作品/面白い作品」⇩おもしろい（五五頁）

分析2 興味を覚えない状態がこうじれば、興味の網にも掛からないほど人々の関心をひかない様子が属性となる。そこから〝取るに足りない〟〝些細な〟さらに〝値打ちがない〟〝ばかばかしい〟といった価値づけが生まれる。

「つまらぬ失敗」「つまらないことで言い争う」「つまらぬ物ですが、ご笑納ください」「急いで行って事故にあってもつまらない」「みすみす高い物を買わされて、つまらないことをした」

これらは「面白くない」の言い換えができない。

てっきり　副詞

実際は違っていたにもかかわらず、そうとばかり思い込んでいたときに用いる。

分析　間違いとは全く気づかずに、思い違い、見込み違いをしていたのである。「てっきり……だと思った／てっきり……と思って……する」等の形を取って、過去の思い違いや、現在の勘違いの状況描写として用いる。ある状況に接したときに抱く話し手もしくは話題の人物の精神的な判断が、後になって真実との間にずれがあったことに気づくが、そのときには間違いなくそうだと思い込んでいたと回想する場面で用いられる語である。ということは、そうと思い込ませる（または早とちりさせる）何らかの条件が備わっていたわけである。したがって「てっきり」と言わせた背後の原因や事情を読みとる必要がある。

「てっきり忘れてきたものと思っていたら、鞄の隅に入っていた」「今日はてっきり試験はないものと思い込んでいたので、あわてた」「てっきりあなたが気を利かせてくれたのだとばかり思っていました」「てっきり土曜日と思って出掛けてみたら、だれも学校に来ていなかった」「てっきり店のサービスだと思っていい気になって飲んだら、後でえらく金を取られた」

どうしても　連語

「どうして」に「も」の付いたもの。〝どのようにしても〟つまり〝どんなに……しても〟の意味。⇩なぜ（一五五頁）

分析　(1)別の結果には絶対にならない、必ずその結果になることを表す（無意志的）〝どのように……しても〟とは、〝どんな方法をとっても〟〝どんなに努力しても〟である。当然の理、自然のなりゆき、不可抗力、能力の欠如等によって決まる不本意な結果を認めざるを得ないとき用いる。

a、打ち消しと呼応する場合

「どうしても理解できない問題」「どうしても衝突は避けられぬ運命にある」「八方手を尽くしたのですが、どうしても品物がそろいません」「どうしても言うことを聞いてくれない」

どうしても……わからない、取れぬしみ、消えぬ過去、思い出せない、出せない味、避けられないこと

b、「どうしても……になる／なってしまう」の形で

「どうしても出来上がりは来月初めになってしまう」「どうしても鉄材が不足して、工事に遅れが出てしまいます」「この薬を使うと、どうしても副作用で胃を荒らすことになり

ます」

(2)必ずその結果にする必要のあることを表す(意志的)

a、「……なければ/……ないと/なければならない」などと呼応して、義務意識や避けられぬ条件を表す

「大事な会議があるので、どうしても行かなければならない」「駅へ出るにはどうしてもこの道を通らなければならない」「どうしても国家試験に通らなければ医者にはなれません」「どうしても大学へは行かなければいけません」

b、「……たい/……てみせる」などの形で

〝何としても〟〝何とかして〟の強い希望や意志を表す

「どうしても行くと言って聞かない」「どうしても今日中に提出して、一番乗りを果たしたい」「どうしても百点が取りたいんです」「どうしても勝ってみせるぞ」「どうしても今月中にやってくれ給え」

どうせ　副詞

細かな問題をあれかこれかと詮議している場合、そのような問題設定以前に、すでにより基本的な大前提が定められていて、いずれにせよ結局はその前提通りに事が落ち着くの

だという発想。

分析1　「どうせ」には、事態はすべて大前提に支配され、その基本の流れに従うのだから、末梢的問題を顧慮するのはむだだという、投げやりで無責任な意識が潜む。細かい考慮・思惑・思考の中から解決のいとぐちを見つけ出し、一歩一歩前進しようという真摯《しんし》な態度がない。一足飛びに終着点に結論を持っていくという無茶な決断である。AになるかBになるかを問題とせず、〝結局なるようにしかならないのだから、そんなことに心を煩わすのはむだだ〟という思考である。

「人間どうせ一度は死ぬのだ」「泣いたところでしょうがない。どうせ実らぬ恋だもの」「どうせ百点なんて取れっこないのさ」「どうせ兎が勝つに決まっている」「どうせ二人はこの世では、花の咲かない枯れすすき」(船頭小唄)「どうせ犯人はもう日本にいないのだ。じたばたしても始まらない」

AかBかを問題としている際に、三段論法的に一挙にZへと話が飛ぶのも「どうせ」の発想である。最終的に落ち着く結論は大前提Zだと考える。些細なことから夫婦の意見が分かれ、口争いとなったとき、「ええ、ええ、どうせ私はばかですよ」と言って開き直るのは、AかBかの争いに、Zだと結論づける、はなはだとっぴな発想である。

分析2　「どうせ行くなら早いほうがいい」「どうせ受けるなら一流校に挑戦しよう」「どうせ死ぬなら笑って死のう」「どうせ受けるからには、人に見られて恥ずかしくないだけの成績を修めるようがんばろう」

は、〝結局Zになるという運命の大前提がある以上、避けようとしても避けきれない。なら ば、観念して立派にZに至れるよう最善を尽くすべきだ〟という発想の「どうせ」である。これは「どっちみち」「どのみち」との言い換えが可能で、前の「どうせ」に比べると、はるかに健康的な思考の過程である。

どうぞ　副詞

相手に行為することを認めたり、勧めたり、頼んだりする気持ちを表す。

分析「入っていいですか。／はい、どうぞ」「では、次のかた、どうぞ」「さあ、どうぞ、召し上がってください」「さあ、どうぞ、中にお上がりください」「はじめまして、どうぞよろしく」「どうぞお見知りおきを」「どうぞお体に気をつけて」「どうぞお大事に」「どうぞいいお年を」など。

「どうぞ」は二人称の相手に、ある行為をすることを促す言葉。その行為が相手の意志に発するか、当方の意志によるかは本質的な違いではない。

相手は「神様どうぞお助けください」のように神仏の場合もあるが、ふつうは人間で、丁寧に促す言い方である。

関連語　どうか

「どうか」が用いられる対象は他者であるが、それも特定人物とはかぎらない。不特定のだれか、時には、特に相手を意識せずに用いることもある。「どうか無事でいますように」「どうか、うまくいきますように」「どうか早く戦争が終わりますように」

自己のために、あるプラスの状況が実現することを希望する言葉である。二人称の相手に対して言いかければ、「どうぞ」と共通する。

「どうか、よろしくお見知りおきを」「どうか、お助けください」「そこをどうかよろしくお願い致します」など。

「どうぞ」は単に相手へと水を向け、語りかける語だが、「どうか」は無理難題を承知で、そこをなんとかと頼む気持ちが強い。「なんとか」「何とぞ」に近づく。

「どうか」には、ほかに「うるさくて困ります。どうかなりませんか」「どうかしてください。頼みます」のような「どのようにか」の意味もある。「どうかしたの」「足がどうかしたらしい」さらに「あいつはどうかしているよ」など、「どう・か」の気分を持つ用法も見られる。

関連語 なにとぞ

「何とぞ」（何卒）はきわめて丁寧な表現に用いられる語。儀礼的な挨拶として添えられる例も見られる。「何とぞ御自愛のほどを」「何とぞお体をご大切に」「何とぞよろしくお願い申し上げます」など。

意味は「どうぞ」に近いが、相手自身の状態に対する丁重な希望として用いられることが多い。「どうぞ」が許可・勧め・依頼に用いられるのに対し、「何とぞ」は希望として用いられ、連用修飾の用法しか持たない。

関連語 ひとつ

「ひとつお試しになってください」「ひとつ試してみてはいかがですか」「ひとつお願いします」「ひとつよろしくお願い致します」など。

他者に対してある事物・事柄を勧めたり、願ったりするとき用いる。〝そんな大げさではなく、ちょっと〟〝たいしたことと考えないで、軽い気持ちで〟の発想である。〝ちょっと、ためしに〟〝あまり大げさに考えずに、どうか〟の意味。相手の起こす行為の裏に、こちらの目的とする事物・事柄が常につきまとう意識である。「そこをひとつ、なんとかお願いしますよ」

は、「どうぞ」のように、ただ相手が自主的に行為を起こすことを漠然と期待する意識ではない。こちらの申し入れによって相手を動かす気持ちが強い。「どうぞ、よろしく／ひとつ、よろしく」「どうぞお召し上がりください／ひとつお召し上がりください」はどちらも言えるが、「どうぞお入りください」「どうぞお助けください」「どうぞお立ち寄りになってください」「どうぞ運が向いてきますように」などは「ひとつ」では不自然である。「ひとつ」は自己の行動に対しても、試みに行うという意識で用いられる。「芝居にでもひとつ行ってみるか」「ひとつ掛け合ってみるとしよう」「ひとつ読んでみるか」など。

二人称の相手に対して言う「ひとつ使ってみてください」などの場合と共通する。

どうも　副詞　感動詞

事柄の実態・真実がじゅうぶんにつかめないにもかかわらず、なぜそうなるのかその理由がはっきりわからないため、しかと断定できない推量的気分を残した言い方に用いる。

分析 1(1)「どうも……ない」と否定と呼応して、〝どのようにしても〟の意を表す。対象となる事柄が話し手の意志を超えた存在であるため、残念だが思った通りになっていかないのである。（マイナス結果）

「なぜ先生が怒ったのか、どうもよくわからない」「いくら一生懸命練習しても、どうも上手にならない」「くやしいが、どうもうまく出来ない」「手術の経過はどうも思わしくない」「結果はどうもよくない」

話し手の意志を超えた事柄や事実を心でとらえることにより、ままならぬその対象が話し手の心理や感情を自発的に圧迫してくる。

「あんな奴をのさばらせておくなんて、どうも面白くない」

(2)この気持ちが進んでくると、〝理由はわからぬが何となく、どことなくそう感じられてくる〟自発感情を表すようになる。

「どうも気になってしょうがない」「どうも恥ずかしくってお見合いなんかできない」「これといって欠点はないが、どうも気に入らない」「こんなちぐはぐなやり方では、どうも不体裁だ」

(3)さらに、なぜそうなってくるのかを訝《いぶか》る気持ちが強まれば、自発的懐疑となる。

「どうも変だ」「どうも不思議だ」「どうも、どこかで見たことのあるような人だと思っていたが」「機械の調子がどうもおかしい（ようだ）」

(4)これに話し手なりの推断を下せば「どうも……ようだ／らしい／かもしれない」〝事実はどうかわからぬが、何となくそのように思われる〟推量表現となる。「どうやら」に近づく。⇩どうやら（一四四頁）

「こんなに皆の成績が悪いところを見ると、どうも問題がむずかしすぎたようだ」「明日はどうも雨らしいね」「今度ばかりはどうも駄目かもしれない」「食欲がないところをみると、どうも病気らしい」

(5)はっきりと判断に決着が下されれば、〝事実はどうあれ、どっちにしても、いずれにしても……だ〟の断定となる。

「どうも仕方がない。あきらめましょう」「数学はどうも苦手だ」「どうもこうもない。早くやれ」

②この〝いずれにしても〟の気持ちが弱まって、固定した一つの言葉として慣用化すれば、もはや感動詞である。

「どうも有難うございました」「どうもご馳走さま」「これはどうも」「や、どうも」「どうも、どうも」「昨日はどうもすみませんでした」「どうも失敬」「先輩、きのうはどうも」

どうやら　副詞

その対象の真の姿がはっきりとはわからないものの、おおよその輪郭がつかめてきた状態。⇩どうも（一四二頁）

分析 (1)ほぼ実現が間違いないと感ずる推定判断

伝聞したことや、その対象に現れたおよその状態変化から、たぶん間違いなく生起するとして下す推量的判断である。「どうやら……らしい／どうやら……しそうだ／どうやら……ようだ」などの助動詞で受けるところからもわかるように、外面の様子や状況変化のきざしから将然状態にあることを察知する推定判断。確信的とまではいかない。その一歩手前の、かなりあいまいな手さぐり状態である。そのため〝はっきりとは断定できないが何となく／何だか／どことなく／たぶん〟といった気分が生まれる。

「この分では、どうやら雪になりそうだ」「体がかっかと熱い。どうやら風邪でも引いたらしい」「台風もどうやら去ったようだ」「先生の話によると、どうやら無事に卒業させてもらえるようだよ」

(2)ほぼ間違いなく実現に至ったと感ずる判断（「どうやら……た」の形で）

完全な状態に漕ぎつけるまでに種々の紆余《うよ》曲折を経たが、ほぼ完了のめどが立った、もしくは、やっと完了した段階に用いる。したがって〝どうにか辛うじて〟〝何とか〟といった気分を伴う。なかなか進まなかったその事柄が次第に終了段階に近づいて、完了の一歩手前の、かなりはっきりした状態に達したことを察知する気持ちである。

「さんざん苦労したあげく、どうやら仕事に目鼻がついてきた」「どうやら終わりに近づいた」「のたれ死にもせず、どうやら海外旅行を終えることができました」「苦労したかいあって、どうやら物になってきた」「どうやらこうやら」の連語を造る。

とても 副詞

1 （動詞に係り、下に打消ないしは否定的概念の語を置いて）心理的または能力的に抵抗や無理があり、〝したほうがよいと思うが、どんなにしても不可能である〟という気持ちを表す。

2 （形容詞・形容動詞、および状態性の動詞に係り、肯定形の形で）その状態の程度がきわめてはなはだしいさまをいう。

分析1 1は話し手側の主観で、それを認めることができないという態度である。たとえ「とても六十歳とは見えない若さ」のように対象に原因があっても、その原因をすんなり認められないのは話し手側の主観によるのであって、心理的、能力的、肉体的、その他種々の状況・条件から、それを認め、さらに行為することがむずかしいのである。「とても黙って見ていられない」「犬を殺すなど私にはとてもできない」「こんなむずかしい曲を弾くなんて、私にはとてもだめだ」「とても我慢できない寒さ」「これ以上速くはとても走れない」「そんなこと、とても不可能だ／無理だ／だめだ」「とてものことにはできない」

「とても」は話し手の責任において否定する意識である。

「あなた、通訳していただけませんか。／私なんか、とてもとても」など。

同じ否定を強調する語でも「絶対に」には、このような心理的陰影はない。「絶対に」は客観的な否定である。

「春を経ずして絶対に夏はこない」「冥王星と海王星は軌道が交差しているが、理論的に見て絶対に衝突は起こらない」

のような単なる否定には「とても」は使われない。無意志的な不可能、自然現象や理論上の不可能などは、たとえ「とても」で言い換えられたとしても、心理的ニュアンスが加わり、話し手の意志・意見として述べる気分になって、「絶対に」とは異なった色彩を帯びる。

「十を三で割り切ることは絶対にできない」「酸素なくしては動物は絶対に生きていられない」「この馬力のエンジンでは絶対にあの機械を動かすことは無理だ」

分析2 ②の「とても」は程度のはなはだしさを表す言い方として使われ「大変／非常に／すこぶる／すごく」などと言い換えがきく。形容詞や形容動詞など、状態を表す語に係る。「とてもありがとう」のような係り方は誤用である。

「とても……美しい、いい、勇ましい、面白い、悲しい話、うまく作る」

「とても……好調だ、奇麗だ、親切だ、静かだ、強烈な匂い、やさしい人、上手に作る」

など。

また、「とてもきく薬」「とても効果がある」「とても勉強になる」「とても苦しむ」「先生はとても喜ばれました」

のように、動詞に係る例も見られる。しかし、動きが外面に現れる動作動詞への使用は、あまり好ましくない。「とても働いた」などの言い方は差しひかえたい。

分析3　「とても」は主観的な意見を表す語として口頭語的である。「とっても」の形で感情を誇張する。特に②は会話ことばの色彩が濃い。また「とても」を用いると筆者の主観が色濃く出てしまうので、客観的な叙述を旨とする文章の場合には使用をひかえたほうが無難である。

「彗星は太陽に近づくにつれて次第に速度を増し、非常に速いスピードで太陽を迂回すると、再び速度を落としながら太陽系の彼方へと去っていく」

右の文で、「とても速いスピードで……」にすると、絶対的な速さではなく、筆者にとって速く感じられるスピードという意識になる。

「彼はゴルフがとても好きだ」「あなたはとても気をつけて運んでくれたんだが、それでも一つ皿を割ってしまったね」など。

その状態や動作を話し手がよく知っていて、それについて〝非常に……だ〟と判断し、話し手自身の主観として表現している。つまり話し手の主観でとらえた程度表現の副詞と言える。したがって、話し手の未知の事柄や、未来の事柄には「とても」は使えない。

「先様のとてもお好きな品をお選びください」とか、「植え替えのときは毛根を傷めぬようとても気をつけて、一度や二度で掘り起こそうとせず、十分周りを掘ってから、株を静かに持ち上げます」のような使い方は正しくない。後者の例は「十分に」などが適当である。

関連語　全く

程度のはなはだしさを表す点で「とても」と共通する。しかし「全く」は、肯定形に係ると、「全くそうだ」「全くもってそのとおり」「全くねえ……」と、相手に共感し共鳴する場合に発せられる言葉ともなる。形容詞・形容動詞など状態性の語に係る場合も、〝だれしもがそう思うとおり、確かに〟と現状を常識的な見方で肯定する。だれでもがそう感じ思う状態は、完全にそうなりきった状態なので、「大変」「非常に」「きわめて」「すこぶる」などと同じように、程度の強調となる。

「全く馬鹿なことをしたもんだ」「全くすばらしい」「全く好調そのものだ」「全くひどい話だ」「全くずうずうしいよ」、さらに、「の」を伴った「全くの無一文」「全くのところ、どうしていいのか自分でも分からない」など、現状を〝確かにそのとおり〟と肯定する気持ちである。この場合は〝本当に〟〝実際〟の意味を持つ「実に」ときわめて似た意味になる。事実「全く」は「実に」と言い換えのきく例が多い。

「実に／全くすばらしい」「実に／全くひどい話だ」「実の／全くのところ……」など。

ただし、「全く」は〝完全に〟という程度の強調が主となっているのに対し、「実に」は〝本当に〟の気持ちが主で、程度強調は従になっている。だから「全くの無一文」は「実」では言い換えられない。

とんだ　連体詞

生じた事実が予想もしない（悪い）結果であることを表す。

分析「当然赤字になるものと覚悟していたら、今年はとんだ見込み違いだった」のように、場合によっては予期せぬ良い結果となる例もあるが、普通は好ましくない意外な事態の生起に対して専ら用いられる。

「とんだことになった」「それはとんだ災難でしたね」「とんだ目に遭う」「とんだ野郎がころがり込んで来たものだ」「とんだ者に見込まれてしまった」

とんだ……失敗、間違い、思い違い、計算違い、見込み違い、食わせ者だ

生起する事柄は、話し手の意志を超えた、多くは意志に反するものであるから、好ましくないマイナスの結果である。「部屋に消火器がなかったら、とんだことになるところだった」と過去の仮想にも使うほか、「すぐ警察に知らせておかないと、とんだことになるかもしれない」と、未来の仮想にも使える。抽象的な名詞に続くことが多く、「全くとん

だ娘だ」は自然でも、「全くとんだ花子だ」とは普通言わない。この場合は「とんでもない」が使えるが、マイナス評価のない〝思いがけない〟例「とんでもない時間に電話が掛かってきた」、〝思いも寄らない〟例「とんでもない質問を出して先生を困らせる」「先生にお茶を入れていただくなんて、とんでもない」、相手の言葉を否定する「お金があり余っているんでしょう／とんでもない」などは、「とんだ」では言い換えられない。

なかなか　副詞

人・物・事柄などが示す状態に対し、その度合いが相当なものであると受け止める気持ちを表す。

分析1 「なかなか」ととらえる心の裏には、〝かんたんにはそのような状態に達しない〟という意識がある。それが、あまり例を見ないほど際立った状態「なかなかの人物」「なかなかしゃれたネクタイ」、予想を超える高い程度「なかなか迫力があるね」「なかなかの人気」、実現実行の困難さ「なかなかむずかしい」「なかなか手に入らぬ品」「堅くてなかなか噛《か》めない」、実現までに時間がかかる様子「バスはなかなか来ない」「なかなか雨が降って来ない」「まだなかなかだ」などの意味に分化する。右のように「なかなか」は〝そうなることが困難なほどの状態〟ゆえ、世間に例があまりない場合や、そうなることに異常な努力がいる場合に限られる(多くはプラス評価の場合。極大の場合)。ややもすればそうなりがちな世間に多く見られる一般的状態や、簡単にそれができる場合(多くはマイナス評価の場合。極小の場合)には付きにくい。「なかなか」はただの程度強調ではない。「なかなか利口だ」は言えても、「なかなかばかだ」とは言いにくい。同様に、「なかなか早い」「なかなか美しい」が普通に言えても、「なかなか遅い」「なかなかゆっくりだ」とか、「なかなか醜い」「なかなかみっともない」などは、特別な状況が設定されないかぎり言わないであろう。「なかなか重い」「なかなか広い」に対して、「軽い」や「狭い」も同じ理由から「なかなか」が使われにくい。「なかなか暑い/寒い」などはどちらも言える数少ない例である。

分析2 文型と意味から次の四種に分けることができる。

1 「なかなかの+名詞」形式

なかなかの……政治家だ/勉強家だ/ちゃっかり屋だ/難物だ/つわものだ/美人だ/シャンだ/古狸だ/強敵だ/大事件/ご馳走/人物

特色、カラー、癖などを含まぬ無色の名詞を続けると不自然になる。「なかなかの大都市だ」はよいが、「なかなかの都市だ」では、都市のどの面を取り立てて「なかなか」と言っているのか、はっきりしなくなる。〝その人物・事物の呈する状態が、それの特色やカラーを色濃く現している、その面でのスケールが大きい〟

という気持ちであるから、名詞の中に特色やカラーに当たる要素が含まれていなければならない。「なかなかの美人だ」には〝美しい人〟という形容詞的要素がすでに入っている（「なかなかの人」では意味をなさない）。「政治家だ」も〝政略に富んだ〟という修飾要素が含まれている。その要素を取り立て、なかなかの程度だと言っているのである。その点「かなりの人だ」「相当の人だ」という「かなり／相当」とは性格が違う。

②「なかなか＋名詞だ／形容詞／形容動詞／動詞ている」形式

「なかなか傑作だ」「なかなか素敵な方よ」「これはなかなかみごとな焼き物だ」「なかなか盛大な式典」「なかなか乙な味がするね」「二人はなかなか仲がいい」「うん、なかなかうまい」「なかなかむずかしい問題だね」「なかなか注意が行き届いている」「今日はなかなかいい天気だ」「なかなか優れている」「なかなか骨が折れる」「文化もなかなか進んでいる」「なかなか気が利いているじゃないか」

名詞に係る例は、①の「なかなかの」の「の」が落ちた形と見られる。「なかなかの美人→なかなか美人だ」したがって、無色の名詞は「なかなか」の後に立ちにくい。「なかなか天気だ」とはならない。「なかなか好天だ／なかなかいい天気だ」のようにプラス評価の要素を加える必要がある。その人物・事物の呈する状態の程度や水準、スケールなどが高く大きい様を表している。動詞が立つ場合も、状態の動詞か、「なかなか世話が焼ける」のような状態を叙している文の場合である。

③「なかなか＋動詞＋ない」形式

「仕事がなかなかはかどらない」「病気がなかなか治らない」「電車なかなか来ないわねえ」「日本ではなかなか買えない品」「近ごろはせちがらくて、なかなか値段を引いてくれません」「むずかしい文章なので、辞書を引いてもなかなか読めません」「頼んでもなかなか許してくれない」

動詞が否定形をとることによって、動作性から〝……しない／……できない／……とはならない〟という状態性に変わる。そうなることがなかなか起こらない状態だというのである。〝その動詞の表す事柄の実現にはまだかなりの時間がかかる〟つまり〝実現にはかなり困難が伴う〟のである。初めから実現している状態——形容詞や形容動詞——はこの文型を使うことができない。「なかなか熱くない」とか「なかなかよくない」などは正しい日本語とは認め難い。

④述語「なかなかだ」形式

「もう終わる？／まだ、なかなかよ」「出来上がるのはまだなかなかだ」

実現までには現時点からまだかなりの時間があることを表す点で、共通の発想と言っていい。

なぜ　副詞

理由がわからず不審に思う気持ちを表す。

分析 1「なぜ」の形で

(1)「なぜ……ですか／なぜなの／なぜですか／なぜだ(い)」等の断定的疑問で受けて、不審に思う気持ちを聞き手にぶつけ、説明要求の疑問文とする。理由を問いただすのである。

「昨日はなぜ無断で欠席したのですか」「なぜ学校へ行かないの?」「なぜそうやけになるのだ」「明日は欠席します／なぜですか」「なぜでも、やらねばならぬのだ」

(2)「なぜ……かしら／なぜ……だろうか」等の疑問推量で受けて、自身に向けて問い掛ける内省的疑問(自問)もしくは心中で疑問とするところを思いめぐらす。

「ちゃんと薬を飲んでいるのに、なぜ熱が下がらないのかなあ」「あんなに親切にしてあげているのに、なぜ僕の心を理解しようとはしないのだろうか」「それはなぜだかわからない」「ねんねんよ、ころころよ。ねんねん小山の兎は、なあぜにお耳が長ござる」(童謡)「赤い鳥、小鳥、なぜなぜ赤い。赤い実をたべた」(童謡)

「なぜかと……して」の形で、叙述文中で自問として用いることもある。「なぜかと思って調べてみると、意外にも蔭の男Cなる人物がいることにぶち当たった」

(3)「なぜ……か」を「が／を／と／について」等の助詞で受けて、叙述文中で用いて、問題提起とする。

「このような例外がなぜ生ずるのかは、現在のところまだ謎とされている」「梅雨はなぜ起こるか、これはもうご存じのかたも多いと思いますが、北のオホーツク海付近と南の小笠原付近とに高気圧ができて……」

「……はなぜなのか……だ」の形でも用いられる。

……はなぜなのか不明だ／不思議だ／疑問だ／興味がある／わからない／解決されていない／謎とされている

(4)「なぜ……かといえば」の形で、提起した問題に対してその理由を説明するときに用いる。

「なぜ月の出がおそくなっていくのかと言えば、それは月が地球のまわりを回っていく公転運動に原因していると言える。すなわち……」

「なぜそうなるかと言えば、これは……」が「なぜかと言えば……」につづまって、接続詞「なぜならば」と同じ働きに移っていく。理由を問いただす気持ちから理由説明へと転じたものである。

「夏はなぜ暑いのかわかりますか」→「夏が暑いのはなぜかわかりますか」

「なぜ」の位置をずらすことによって「なぜか」の形が生まれる。

理由がわからないので不審に思う気持ちを表す。

２「なぜか」の形で

「彼はなぜか返事をよこさなかった」

話し手の意志の外にあるものの働きを、理由がわからぬために不審がるのである。話し手の意志や力を超えた働き・作用ゆえ、時に自発的現象ともなる。

「息子のことが最近なぜか気になってしょうがない」「夢の国技館の円屋根こえて／遠く飛ぶ鳥の、夕鳥の影を見ればなぜか心のこがるる」（木下杢太郎《きのしたもくたろう》『両国』）

関連語　どうして

「どうして」も不審に思う気持ちを表す。「どうして」はもと「どのようにして」、つまり〝どのような方法によって〟の意であるから、

「今後どうして食って行くつもりなんだ」（里見弴《さとみとん》『みごとな醜聞』）、「記憶喪失でどうしても自分の名前が思い出せない」

のような使い方がまず見られる。この段階は「なぜ」にない用法である。〝どのような方法によって〟つまり「どのような……で」の言い方は、下に話し手の意志的行為ではない事柄が立った場合、〝どのようなわけで〟の理由・原因追究意識へと転ずる。「なぜ」の意へと移るわけである。⇩どうしても（一三六頁）

「どうして持って帰ろうか」……話し手の意志〝どうやって〟（方法）
「どうして持って帰るのだろうか」……話し手の意志外〝なぜ〟（理由）

なにしろ〔何しろ〕副詞

「しろ」は「する」の命令形で〝何にせよ〟、つまり〝それが何であるとしても〟という意味である。事情や理屈が仮に何であっても、それらにはお構いなく、現状をそのままなおに受け止める気持ち。「なにせ」も同じ意味の語であり、ともに話し言葉として用いる。

分析 「何しろ……だから、……だ」の条件形式か、「何しろ＋形容詞」の状態把握の表現をとる。「何しろ」で示される事柄はいずれも状態的なものである。

「何しろ相手は大勢なんだから、とてもかなうものじゃない」「何しろ向こうは横綱なんだから、とても勝てっこないよ」「何しろ話が急なので、どうしてよいか分からない」「東京は何しろ人が多いね」「何しろ会社第一だから、そんなわがままは通らない」「何しろ忙しい」「今日は何しろ寒い」など。

現状が話し手にとって好都合で満足すべき状態にないにもかかわらず、なぜそうなのか現状を分析したり、理由を考えたり、あるいは対策を講じたり、逃げ道を考えたり、現状を批判したり、という理知的な態度を取らないで、ただ現状を盲目的に受け止めての感懐である。したがって、現状のマイナス状態に驚きとまどう弱者の感情が色濃く表れている。「何しろ弱ったなんて言ってないで、どうしたらよいか、自分でよく考えてみろ」「どうぞストーブをおつけになってください。何しろ今日は寒うございますから」「何しろ腹が減った。早く飯をくれ」などと用いる。

現状の分析・批判がない語なので、文章語としてはふつう用いない。

関連語　とにかく

「とにかく」も〝何にせよ〟の意味であるが、これは「何しろ」より用法が広い。「何しろ」と共通する点は、話し手の意識の中で、現状分析や批判をお預けにして、それらを今考えずに、現状をただ受け止める点である。

「とにかく今日は寒いね」「とにかく忙しい」「とにかく相手は大きくて強そうだから、とても勝てやしないよ」など。

「とにかく」には、ほかに、〝細かい詮索はさておき、直ちに行動に移す〟という意味もある。

「とにかく来てみてください」「とにかく一口食べてみてください」「とにかく勉強しろ」「とにかく現物を見てからでなくてはね」「とにかく定刻になったのだから、始めましょう」「とにかく約束の時間まで待とう」など。

これら動作を導き出す「とにかく」は、「何しろ」と言い換えることができない。

さらに、「私はとにかく、君は先に帰りたまえ」「金はとにかく、それでは体がもつまい」のような文型では〝Aはさておき B は……〟の意味となるが、これはむしろ「ともかく」を用いるべき文脈である。

関連語　いずれにしても　いずれにせよ

〝AでもBでも、どちらにしても結局〟の意味で用いられる。

「いずれにしても今日は寒いね」「いずれにせよ、やらなければならないのだから、早くやってしまえ」など。

いろいろの詮議・算段を踏まえた結論を言う場合に用いられる。「何しろ」のような自身の詮議を放棄した語とは内容が違う。その詮議・算段の結果、ある行動が避けられない場合には、「どのみち」「どっちみち」と言い換えができ、〝選択の自由はあっても避けることはできない〟状況となる。これは「何しろ」とは言い換えられない。

「いずれにせよ、みな一度は死ぬのだ」「どっちみち頭を下げねば許してもらえないのだから」

〝どんなに努力して頑張ってみても、結局は〟の意識がこれに加わると、「どうせ」とな

る。⇩どうせ（一三七頁）

なるべく　副詞

なりうる可能性の中で、どちらかといえば、より好ましい結果になるよう希望する気持ち。

分析「なるべく早くこいよ」「なるべく出席するように致します」「なるべく大きいほうを私にください」「エレベーターに乗らないで、なるべく歩いて階段を上るようにしよう」「なるべく相手の目を見て話すよう心がけなさい」「なるべく安くしてね」「なるべく英語を使うように努力しています」「薬はなるべく使用しないほうがいい」

ある状況において可能な範囲内で、必ずとはいわないが、より好ましい道を選ぶようにすることである。また、そうなることが多いよう希望する気持ちである。もちろん、そうなる可能性・期待度は必ずしも高くない。「なるべく」を使う背景には、そうならない、そうなりにくいという意識がある。「なるべく遅刻しないように」は、遅刻する可能性が高いからそう言うのであって、遅刻することへの警告でもある。自己の意志に基づく行為はもちろん、他者への期待、願望、命令に用いられる場合も、それが行いにくいことという含みがある。

無意志性のものや、自然現象に使用された場合は、それが実現しない可能性のほうがはるかに高い。

「なるべく台風がこっちへこないように」「なるべく早く春がくるといいなあ」など。

「なるべく」は「なるべくなら」の形でも使用される。

関連語 なるたけ　できるだけ

「なるたけ」は「なるべく」と同じ意味で用いられ、違いがない。ただし、「なるたけなら」の形はふつう用いない。

「できるだけ」は、副助詞「だけ」の持つ意味から、〝なしうる程度に〟と〝なしうる限度まで〟の二つの意味を持つ。前者は、

「ご都合がつくようでしたら、できるだけ出席していただけないでしょうか」「遠くのデパートよりも、できるだけ近所の店をご利用ください」

など、「なるべく」と言い換えができる例が多く、意味も近い。ただし、「なるべく」には、話し手にとってマイナス状態に片寄りがちのものをプラス状態のほうに移るよう消極的に希望する気持ちが含まれる。「できるだけ」は、プラス・マイナスに関係なく、どちらかの方向におもむくことを表す気持ちである。したがって、その傾向の程度によって「なるべく」の程度に近い弱い段階から「出来うるかぎり」の強い段階まで、幅がある。

「できるだけ」は、好ましい状態、好ましくない状態に関係なく、どちらか一方に片寄ることを希望する語なので、

「予習はともかく、復習はできるだけしたほうがいい」（＋）

「悪さをしたら、できるだけ叱ってやるほうが後々のためだ」（±）

「できるだけ悪事をやらかして、刑務所生活を送る不心得者もいる」（－）

と、プラス、マイナス、いずれの例も現れる。一方、「なるべく」は、マイナスへ走りがちなものがプラスへと移ることを期待する語なので、後者のマイナス例は「なるべく」と言い換えることができない。「なるべく」の使われた文は、一見マイナス例と思われるものでも、話し手にとってはプラス状態なのである。

「なるべく授業をサボって遊んだほうが得だ」「いやな仕事はなるべく人に押しつけちゃおう」

プラス・マイナスは、客観的な基準ではなく、話し手の主観的な評価に基づいている。だから「なるべく」は常に話し手の意思表示として表現される。したがって、客観的な事象について、たとえば「台風はなるべくゆっくりと九州地方に近づいている」とは言えない。「できるだけ」なら「できるだけゆっくりと近づいているようだ」と擬人化して表現できる。

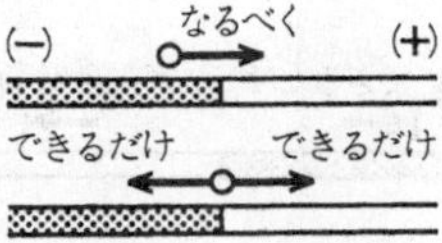

「出された物はなるべく食べたほうがいい」「出された物はできるだけ食べたほうがいい」

これも「なるべく」を用いると、〝たとえ当人は食べたくなくても(一)、食べるほうが望ましい(+)〟という含みを持つ。「できるだけ」を用いると、「なるべく」の場合と同じ意味にもなるが、ほかに〝せっかく出してくれたのだから、少しでも多く、たくさん食べたほうがよい〟という程度の強調にもなる。

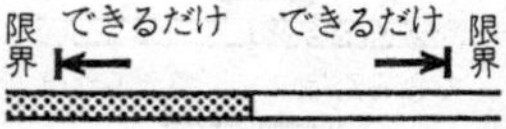

このような〝程度の強調〟が文脈上はっきり固定されると、能力の限界まで全力を尽くす「できるかぎり」の意味に変わる。

「今はせめて死んだ者に対して、できるだけの事をしてやりたかった」(志賀直哉『和解』)「できるだけの努力はしたつもりです」など、「の」を伴って連体修飾語となる場合は、〝なしうる限界〟の意味になる。

連用修飾の場合は、「なるべく」と「できるかぎり」の、どちらにもとれる例が多くなる。「できるだけ急いできたけれど、一時間かかってしまった」「栄養のある材料をできるだけ使って、食生活をよりいっそう豊かにしようと心がけている」「どかりと回転椅子に座った。それから出来るだけゆっくりと煙草《たばこ》に火をつけた」(石川達三『深海魚』)

なるほど　副詞　感動詞

他から入ってきた知識や意見、現実の状況などに対して、それが正しい、理屈に合っている、もっともだと認める気持ちを表す。

分析「なるほど」と感ずるためには、そう認める根拠と、なるほどと肯定する対象とが必要である。この二者関係から次の三種に分けられる。

(1)他から入ってきた知識や他人の意見を追認する場合

他から入ってきた知識や意見の正しさを、現実の中に見つけ出したとき用いる。「新幹線は速いと聞いていたが、なるほどもう東京駅に着いてしまった」「金星は生物の住めない世界とかいうことだが、なるほど摂氏四百度を超す焦熱地獄では、とても住むことはできないな」「東京ほど食べ物に恵まれているところはないと言われるが、なるほど、言われてみればそうかもしれない」「『さっきの千円札はにせ札だったから、ほんものと取り替えてくれ』と言う。よく見ると、なるほど確かににせ札だ」

他人の言葉を事実に照らして（もしくは実際に体験して）肯定する場合である。現実はあくまで意志とは関係のない客観的事実で、それが他者の意見と合致している。だから、その意見は確かだったと追認する形式である。これが前から耳にしていた事柄ではなく、現実に接したうえで発見する事柄であれば、次の(2)となる。

(2)現実の状況の中に潜む真理に気づいた場合

初めてその現実の事物・事象に接して、そこに潜む理にかなった長所に気付いたとき用いる。

「なるほどこれは便利な品だ」「なるほど、これは気がきいている」「車体の色を変えれば、なるほどだれにでも一目瞭然、行き先をまちがえることもない」「なるほどなあ、ちょっとしたアイデアでずいぶん部屋の感じが変わるものだ」

現実の具体的状況に接して、そこに現れている個性的な特徴にひかれ、それが便利さとか効果性などの面で理にかなっていると認める気持ちである。そのすぐれた特色を発見して感心するのである。視覚・聴覚などでとらえられる人為的な事物・事象に対して持つ感想である。これが言語表現の中で行われれば、次の(3)となる。

(3)他人の説や主張で提示された理屈に納得する場合

他人の文章や話に接して、そこで述べられている意見や主張が理にかなっていて、もっともだと認めたとき、また、独創的なものと感じたときに用いる。

「そういう考え方もなるほどあるんですね」「筆者の理論に従えば、なるほど確かにこの結論は正しいことになる」「お説のとおり、点CDを結ぶ線を引けば、なるほどこの問題はかんたんに証明できるはずだ」「なるほど、これはいわゆる三体問題で、現在の数学では解けない」「くわしい説明を伺って、はじめてなるほどと納得しました」

この「なるほど」が文頭に来れば、感動詞的役割を果たすようになる。「なるほど、おっしゃるような方法で一度ためしてみましょう」「なるほど、その通りですね」「なるほどなあ」「うん、なるほど」「これがこの手品の種さ／なあるほど」新しい事物に接したときの感動詞と化して、「なるほど、ここがあの有名な鶴岡八幡の石段か！」感動するだけで、理解や納得の裏づけがない。

なんでも 〔何でも〕 連語（副詞的）

〃どんな事物でも、すべて〃の意であるが、後に来る表現によって「でも」の部分の解釈が変わって〃どんな事であっても〃となったり、「なんだか」に対する「なんでも」つまり〃聞くところによると〃となったりする。

分析 (1)どんな事物でも

〃AでもBでも何でも〃つまり累加の「でも」である。〃どんな事物でもすべて、みんな〃をさす。

「何でもいいから食べる物をください」「何でも食べる子、丈夫な子」「東京なら世界中の物が何でも手に入ります」「何でもござれ」「それにしても、百貨店というだけあって、何でもそろっていますね」「スポーツなら何でもできる」「何でも希望があればどしどし出してください」「うちの父は甘いから何でも言うことを聞いてくれます」
物にも事にも使われ、さらに「そんな事は何でもいいから、早く行こうよ」のように「どうでもいい」と等意で用いられることもある。〝何であっても構わない〟であるから、次の(2)になっていく。なお、打ち消し形「なんでもない」は〝大したことはない〟の意味に転化している。

(2)何であっても

「何が何でも」の形で用いられることが多い。〝どうあっても、万難を排して〟である。「何が何でもやり抜くぞ」「何が何でも行くと言ってきかないんです」

その他「理由は何でも、法を犯したという罪は変わらない」のように用いることもある。この場合は「何であれ」が普通の形。「事情は何であれ、法を犯したことには変わりない」なお、「何とでも」は、形は似ているが意味は全く異なる。「理由は何とでもつけられます」(どのようにでも)

(3)話によると

「何でもうわさによると、彼は今度会社をやめるらしい」のように他からの伝聞による知識であるが、あまり確実性のない場合に用いられる。そのため「何でも……らしい/そうだ/とのことだ/という話だ」のような伝聞に基づく判断ないしは伝聞推定の文型を取る。自己による判断「どうやら台風は東にそれてしまったらしい」を「何でも台風は東にそれてしまったらしい」とすると、他人から聞いた情報になってしまう。そこで「何でも台風は東にそれてしまったそうだ」と伝聞「そうだ」に言い換えることも可能となる。

「何でも東京は、物価指数が世界一高いのだそうだ」

関連語　どうやら

当人自身の判断であるが、それがほぼ事実らしいが真実のところはまだ最終的にはわからない不確実さがわずかに残る状態のとき用いる。

「どうやら病人はもち直したようだ」と言っても、もち直すことが確定したわけではない。あくまで自身の主観的な判断の域を出ない。

「どうやら」は「どうやらこうやら」または単独で〝どうにかやっと〟の意味を表す用法もある。したがって「どうやら二百十日も無事過ぎたようだ」は、不確実な判断とも、〝やっと〟ともとれる。「さしもの難工事もどうやら完成に近づいた」まだ完成と決まったわけではないが、まず間違いなく完成するであろうという不確実性の残存は、同時に不確かな状況にやっと目鼻がついた段階という、先の見通しが出てきた状態に相通じる。基本のところは一つである。

なんとなく〔何となく〕連語（副詞的）

〝それが何であるかということもわからなく〟の意。現在のある状況や事態が感覚的にはとらえることができるが、根本のところが何であるか、はっきりつかめないままに、それが現実のものとなること。「なんとはなしに」に近い。

分析 (1)精神・肉体上の現象

「何となく」で導かれる状況としては、まず精神状態、感情・感覚、その他人間関係の上での種々の現象がある。

「あなたの気持ち何となくわかるような気がする」「何となく悲しくなって涙がこぼれた」「何となく割り切れない気持ち」「何となく気になる事件」「何となく気分がすぐれない」「今日は何となく寒い」「胸のあたりが何となく痛い」「何となく落ち着かない態度」「二人のことは何となくみんな知っているんですよ」「何となく態度に現れる」「隠していても何となくわかってしまうものだ」「何となくみんな気まずい思いをする」「何となく虫の好かない奴」

〝原因不明、漠然としながら、気分的に、意識しないままに〟などのニュアンスを伴う。

(2)無意識裏の行為

人間の心や体に現れる非意思的な現象のほかに、人間の行為に対しても無意識のうちに行ってしまう場合は用いることができる。

「何となくしゃべってしまった」「つい何となく身を乗り出して聞き入ってしまった」「何となく口を滑らす」「何となく足のおもむくままに出かける」

〝何ということもなく〟つまり、深い思慮や計画によって実行するのではなく、軽い気持ちで無雑作に行為をしてしまうのである。また「相手に何となく知らせる」のように、意識的行為ではあるが、目的や具体的事象が表に現れないよう〝それとなく行われる行為〟にも使用される。さらに自然現象・社会現象・人事現象で、それが深い理由や原因のわからぬままに漠然とある状況を呈してしまうような場合や、自然のなりゆきで知らぬ間にそうなってしまう場合などに「何となく」が拡大使用される。

「今日は何となく曇っている」「何となく戦争が始まってしまった」「何となく足が遠のいていった」「何となく私が代表として挨拶する羽目になってしまった」「一か月の夏休みが何となく過ぎてしまった」

〝特に取り立てて言うほどのわけや理由・内容もなく〟である。

関連語　なんとはなしに

「何となく」とほぼ同じように用いられる。自然のなり行きである状況におのずとなっていくような場合に用いられ、「何となく」に比べると、より固い改まった文体や文章の中で使用される。

「何とはなしに座が白けて、しばらく沈黙が続いた」「何とはなしに疎遠となり、文通も途絶えがちであった」

関連語　**なんだか**

「何だか」も「何となく」と似た意味で用いられる。本来は「それが何だかわからない」のように「何－だ－か」つまり〝何であるか〟の意味であったものが、〝なぜか／妙に〟の意味の副詞に一まとまりとなって、「何だか妙にしんとしている」のような用いられ方となった。疑問の助詞「か」があるところからもわかるように、原因の不明がもとで起こるわけのわからない不審感から発する感情である。その点「何となく」(1)と共通するところがある。それがなぜかわからないままにある精神状態の感覚に陥ったことをそれとなく感じる奇怪意識の語で、そのような感情・感覚を引き起こす対象を正面にすえている点が「何となく」と異なるところである。ある対象や問題・状況などに直面して、それが原因で催す精神面・感覚面の特異状態を、なぜそのような状態になるかその根源や因果関係が理解できぬままに、その状態を現実のものとして感じとる語。対象の内容の不明が引き金となって自分の感情や感覚・精神に変化が生じたことを述べる語と言い換えてもいい。〝はっきりわからぬが／なぜか／どうしてだか〟である。

「何だか、どこかで聞いたことのあるようなせりふ」「何だか前に一度見たことのある風景」「何だか恐ろしい」「何だかぞくぞくしてきた」「何だか申しわけないような気がしてね」

一方「何となく」(1)は、ほとんど意識できぬくらいわずかな程度ではあるが、自ずと生ずる精神面・感覚面の現象を〝百パーセントではないが、心理的にはかなりの程度に〟と受け止める程度形容の語である。特に原因となる対象は必要条件ではない。「何となく気ぜわしい毎日」「何となく一日が無為に過ぎていく」「何となく用事があるんだ」

のぞむ〔望む〕他動詞

地理的にその方面の遥か彼方までを見やる行為・状態にあること。遠くを見る行為が時間的な観念に変われば、その対象に対して将来のある姿や状態を心に思い描く行為となる。それが現状と異なるところから、その対象に将来そのようになっていくことを期待する心ともなる。さらに、対象が特定の人や事物に限定されれば、その相手に対して、今はそうではないが、未来にある行為や状態をとることを申し出る積極的な依頼の言動ともなる。

分析 「望む」は「臨む」で、ある場面に直面すること。「試合に臨む」「戦争に臨む」「死に臨む」「困難に臨む」から、地理的な場面「試合場に臨む」「試験場に臨む」と、主体が場所を移動させる場合、さらに、固定した直面状態「湖に臨む高台」「海に臨む工業地帯」に至るまで、〝直面する〟行為──→〝向き合う〟状態への発展が見られる。「望む」も〝その対象の方向に向いているため、遠くにそれを見る〟意で「臨む」と通じている。

1 地理的に遠く隔たった場面・対象をキャッチする「Cヲ望む／Cヲ望むA」

Cは地理的な対象。AC間に距離があるとき「望む」が使える。

「山並みの幾重にも重なる遥か彼方に、遠く小さく富士を望むことができる」「伊豆の島々を望む絶好の別荘地」「夜空に星を望む」

2 時間的に隔たった未来に、ある目的や希望に合った状態の実現を考える。

(1)「AハCヲ望む」

その対象の理想像を心に描き、未来に期待する。

「故国の限りなき発展を望む」「世界平和を望む」「即時停戦を望む」「健康の快復を望む」「立身出世を望む」「学生たちは入試地獄の解消を切に望んでいる」「望むことが何もないとは幸せだ」「何よりも生活の安定を望む」「望むことはやさしいが、実現はむずかしい」

外在する対象・事柄の現状をマイナス状態と考え、それがよりプラス方向の状態へと改善・移行していくことを期待する気持ちの発揚である。希望する状態や、理想とする状況へと好転することであるから、逆方向の「人の不幸を望む」「人類の滅亡を望む」「事業の失敗を望む」などは反道徳意識となる。(1)の「望む」はA側の心中での期待感であって、特定の相手に働き掛ける行為ではない。

(2)「AハBニCヲ望む」

人や人に関係する事物をBに立てて、その相手BがAの理想とする状態Cへと転じていくよう期待する。Bの行為や状態の在り方に対してAの理想を期待するのである。

「政府にインフレ抑制策の推進を望む」「学生諸君に望む。事態を冷静に判断して、無暴な行動に走らぬよう慎んでもらいたい」「あなたに望むことは何一つありません」「息子に望むことはただ一つ、人間として恥ずかしくない大人になれということです」「国家に望む」「出来の悪い息子に、一流大学に入って一流会社へ入れなどと望むほうが無理だ」

(3)「AハBヲDニトシテ望む」

Bに特定の人物、DにそのBを受け入れるべき名目を示して、BをA側の一員として迎え入れたいと願う。

「友人の娘を息子の嫁にと望む」「望まれて隣の村へ輿入《こしい》れする」「甥《おい》を養子として望む」「使用人ふぜいで主人の娘など望むほうが無理だ」「B氏を次期総裁として

望む声が大きい」「愛弟子《まなでし》が自分の後継者になることを望む」

関連語 ねがう

「願う」はもと「祈《ね》ぐ」に古代の継続の助動詞「ふ」の付いたもの。自分の理想や希望がかなえられるよう神仏など人智を超える対象に祈念し加護を求める行為であった。現代語では「早く暖かくなればいいと心に願う」のような、特定の相手を意識しない「思う」に近い例もあるが、多くは特定の相手に対しての希望の意思表示となる。その相手は神仏でも他人でもかまわない。ところで、

「神に願う／神に望む」

と言った場合、「願う」は自分側に発する問題を実現成就してくれるよう神に祈ること。「望む」は神側がこちらの希望するような状態に変わることを期待すること。したがって、ヲ格の目的語を立てた場合、こちら側の問題、「(私が）受験に成功することを神に願う」は言えても、「神に望む」とは言えない。「こちらの希望をかなえてくれることを……」なら、こちら側の希望事項であり、同時に神のとるべき行動を述べているのであるから、「神に願う／神に望む」どちらも成り立つのである。「願う」は、主体側に発する問題の成就・実現を相手に申し出て、相手の力によって達しようとする行為。「望む」は、相手側の事柄に対してこちらが考えるよう相手が行動することの期待である。

「願う」には、他人に対して向けられる言い方として、次の三種がある。
(1)神や人を表す名詞+に+願う
「父に願って許してもらった」「神仏に願う」
(2)お+動詞連用形+願う/(ご)サ変動詞語幹+願う
「お引き取り願います」「明日十時にお出で願いたい」「お許し願います」「ご勘弁願います」「ご理解(を)願います」「発車願いまあす」「連絡願います」

軽い敬語表現で、「……ください」への置き換えが可能である。
(3)(お)形容詞・形容動詞の連用形+願う/副詞+願う
「お早く願います」「どうぞよろしく願います」「お静かに願います」「お手柔らかに願います」「さっさと願います」「ゆっくりと願いますよ」

「お早くお願い致します」のような丁寧形も用いられる。「ください」への言い換えはできない。

関連語　のぞみ　ねがい

「望む」と「願う」との差は、そのまま名詞「望み」と「願い」の差となる。「望み」は〝自分自身や他者が将来よくなることへの期待感〟。「希望」である。

「息子に望みを掛ける」「すぐ手術をすれば、まだ快復の望みはある」「将来への望みを失う」

外在する対象（息子、病人、将来）への期待だけであって、その実現を積極的に他者に依存するわけではない。望みを掛ける行為は、相手の未来に期待を持つことだけであって、そうなってくれと頼むことではない。

一方「願い」は〝自力では実現・成就がむずかしいため、他力を期待している、こうなってほしいという考え〟。「子供たちの願いが聞き届けられて、町にちびっ子広場が設けられた」「かねがね申し出ていた願いが、この度やっとかなえられた」「心に抱いていた願いが相手に届く」「好きな人にどうぞ会わせて、愛の星に願いをかける」（「星に願いを」）

自分の心中で考えている内在的事柄で、それの実現を外在する対象へと依存する気持ちである。積極的に申し出、頼み込む場合もあり得る。このことから、「まだ（お）願いがある」と言えば〝相手に頼む事柄がまだ他にもある〟の意。「まだ望みがある」では〝相手に期待することがまだできる。絶望的ではない〟の意となる。「望みを失う」のような対象への期待感だけの例は「願いを失う」とは言い換えられない。

	気持ちの現れ方	気持ちの表し方
望み	外在する対象に対して	心中での期待
願い	心中に発する内在的事柄から	外在する他者への依存

はずかしい　〔恥ずかしい〕形容詞

古語「恥づかし」は、こちらが気おくれや引け目を感ずるほどその相手が立派に思えるさま。そこから相手や世間一般がすぐれているのにひきかえ、自分は能力や状態・行為などの点で劣ってはいまいか、人と変わっていてあきれられはしまいかと劣等感に襲われ、気がひけ、人とまともに目を合わせにくい、できることなら人目を避けて隠れてしまいたいと思う気持ちを表すようになる。

分析1　恥ずかしさを催す状況としては次のような場合がある。

(1)自分もしくは自分側の者が成績・能力・技能などの面で劣っていることを認識した場合。もしくは、その結果、何かみっともない状況を起こした場合

「こんな中学生でもわかる英語が理解できないなんて恥ずかしいとは思わないか」「通知表に赤点（落第点）があって恥ずかしい」「あんなぶざまな負け方をして恥ずかしい限りです」「（相撲で）今場所は大幅に負けが込んで恥ずかしい」「うちの息子はみごと入試に失敗して、恥ずかしいの一語に尽きます」「恥ずかしければ、恥ずかしくないだけの努力をするべきだ」「これなら大手を振って人に見せられる恥ずかしくない立派な成績です」「父があんな酔態を演じて、私恥ずかしいわ」

(2)罪悪ないしは反道徳的行為の結果受ける対社会的ないしは対他者を意識した罪の意識

「カンニングなんかして恥ずかしいとは思わないか」「お前は実に恥ずかしいことをしてくれたね。親の顔に泥を塗るとはこのことだ」「失敗なんかだれでも一度や二度はするんだから、そんなに恥ずかしがらなくてもいいのだよ」「その生徒は恥ずかしげにうなだれていた」「どこへ出ても恥ずかしくないような立派な人間を作るのが本校の教育の理念です」「中味が砂の缶詰めを輸出するなど実に恥ずかしい行為だ」

(3)人前、もしくは他者にわかってしまうような状況のなかで、失敗やしくじりをしでかしてしまった場合

「うっかり二人だけの秘密を皆の前で言ってしまったことに気づいて、彼女は恥ずかしくて（恥ずかしさに）顔を赤らめた」「舞台でせりふを間違えて、恥ずかしいったらありゃしないよ」

(4)世間一般とはかなり差異があると意識している自身の個人的な事物や行為などが人目に触れた場合

「私のような年寄りがこんなはでな着物で出掛けるなんて恥ずかしいわ」「こんなやぼったいスタイルで式場に臨むなど、いかにも恥ずかしい」「うちみたいなみすぼらしい家に友だちなんか恥ずかしくてよべやしないよ」「皆ぺらぺらの英語で挨拶しているのに、僕だけ日本語で、恥ずかしくて穴があったら入りたい気持ちだった」「通勤電車の中でお弁当なんか恥ずかしくて食べられやしないよ」「こんないかがわしい本、恥ずかしくて人前

では出せない」
(5)他者がまだ知らない自身の個人的な事物・行為などを人に知らせたり、人に知られたり、公開されたりした場合。内容的によい場合、普通の場合、悪い場合といろいろある。「かくしていた秘密がばれて実に恥ずかしい思いをした」「お金が無いんですなんて、いかに何でも恥ずかしくて言えなかった」「今度A君はB子さんと結婚するんですよと先生が皆の前で紹介されたので、恥ずかしくて汗をかいてしまった」「匿名の詩は実はこの人が書いたものですとすっぱ抜かれて、僕は恥ずかしかった」
(6)自分自身の問題、自身の心や作品、あるいは他者に賞められ讃《たた》えられるような事柄を他人に知らせる、または人々に知られる場合
「恋の気持ちを彼にうち明けるなんて恥ずかしい」「自分の作文を先生が皆の前で朗読して賞めたので恥ずかしさに顔が真っ赤になった」「皆から上手ねえと賞められて、ちょっと恥ずかしかった」「私が代表に選ばれたんですって。まあ恥ずかしい」「僕の下手な文章が活字になるなんて、恥ずかしいなあ」
(7)単に他者（一人でも大勢でも）の前に位置して注目の的となる場合。または他者の前で何かまじめな行為をおこなう場合
「お見合いの席に出るなど恥ずかしくって」「皆がじろじろ見るので恥ずかしかった」「あんな大勢の前でスピーチをするなど恥ずかしくて上がってしまう」「(駅弁売りになりたて

の）初めはみんなが自分をもの珍しそうに見ているんじゃないかと思って、恥ずかしくて恥ずかしくて……」

分析2 「恥ずかしい」は「恥」と語源が共通で、恥のもつ心理作用――世間の人に対して自身の行為や状態が面目・名誉を失うほど劣ってはしまいか、常軌を逸してはいまいかとひけめを感じ、屈辱感にさいなまれる――そのような事態を他人に知られることが、あるいは自身の良心に対して肩身の狭い思いをすることが「恥ずかしい」の基本である。したがって罪悪感や屈辱感、劣等感などをもつわけであるが、それがさらに、単に他人と異なる点があるとか、自己の本当の姿を知られたからとか、ただ人の注目を集めているからとかいうような対人恐怖症的なたわいない感情にまで広げて用いられるようになった。そのため、他者の目を意識しての感情「てれくさい」「きまり悪い」などと一部重なるところが出てきた。

関連語 てれくさい　きまりわるい

両語とも人前での現場意識としての恥ずかしさを表す点、共通する。人前とは関係のない、対社会・対自己における罪悪感や劣等感からは「てれくさい／きまり悪い」感情は起こらない。「てれくさい」は、人前にあって何か行為をしたり人から何かされたりして、ただ他者の注目を浴びること自体の恥ずかしさである。内容の善悪とは全く関係なく、ただ他者の目を意識するゆえに起こる気はずかしさ、はにかみの感情である。したがって、同じ行為でも一向に〝てれくささ〟を感じない人と感じる人とが出て当然である。動詞「てれる」と共通語源の形容詞である。

「てれくさい」気分を催させる状況としては次のようなものがある。「恥ずかしい」の(6)(7)の状況と重なる。

「あなたを愛してますなんて、てれくさくって言えませんよ」「皆の代表として挨拶するなど、てれくさくてできやしないよ」「自分の文章が文集に載って、クラスの皆が読むんて、ちょっとてれくさいな」「結婚前の恋文を公開しろですって？　今さらそんなことてれくさくてできません」「衆人注視のさなかで、演技とはいえキスをするなど、何となくてれくさい」

何も行為のない「相手にじっと見つめられて恥ずかしくなった／きまり悪くなった」は「てれくさい」と言うわけにはいかない。「てれくさい」は人前で行為をするか、人前で何かされる場合の恥ずかしさである。

「きまり悪い」も人前である点は共通する。ただし、注目されるだけでは〝きまり悪さ〟は出てこない。その他人の目にこちらが異様・異常な状態に見える何かがあると感じつつも、あえてそのような状況に入っていくとき催す感情である。つまり、一般的な普通の状態ではないと承知しつつ、その状態に入っていくことに抵抗を感じながら、それに堪えてそのような場に入っていく、またはそのような場に身を置いているときの異様な気分である。

「大学入試に失敗しましたなどと担任の先生に言いに行くのは決まりが悪い」「大勢のお客の前であんなぶざまな試合をお目に掛けて、きまり悪くて後援会の人にも会えません」「下手くそな英語でスピーチをするくらいきまりの悪いものはありません」「こんなはでな服ではきまり悪くて人前にも出られません」「金が無いなんてきまり悪くてとても言えない」「かくしていた秘密がばれてきまりの悪い思いをした」「昨日まで頑固に反対していたのに、今日になって賛成側に回るなどきまりの悪いことだ」「会社の同僚とお見合いなんてきまり悪いことだ」

事の内容とかかわってくる感情であるから、「てれくさい」と違って屈辱感や劣等感、引け目、対人恐怖の意識を伴う。したがって「恥ずかしい」と重なる例が多いが、人前を条件としていない(2)の例は「きまり悪い」に置きかえることはできないし、(1)も「きまり悪い」にすると他人を意識した他者に対する劣等屈辱意識となってしまう。良いこと、恥ずべきでないことを他者に知らせたり見られたり賞められたりする(6)も「きまり悪い」ではおかしい。下手な歌と承知しつつ衆人の前で歌わなければならないから「きまり悪い」のであって、聞かせるのどと自信があれば「てれくさい」かもしれないが、きまり悪くはない。なお「恥ずかしい」ならどちらの場合にも使える。また、人に見られたら恥ずかしさを覚えるべき状態にある他者の前に、逆にこちらが居合わせたり、そのような場面に出くわしたりする場合にも〝きまり悪さ〟が生ずる。自身に原因があるのでなく相手側に〝きまり悪い〟原因があっても「きまり悪い」感情は起こる。これは「ばつが悪い」「間《ま》が悪い」と一致する。「恥ずかしい／てれくさい」にはこの用法がない。

「訪ねていったら、たまたま夫婦げんかの最中で、実にきまり悪い思いをした」「昨日あんな大げんかをしたばかりなのに、今日すぐ会うのはお互いに気まりの悪いものだ」

関連語　ばつがわるい　まがわるい

他人との間に突発的に起こった事柄や、予期しなかった場面に出会って具合いの悪い不自然な気分になる場合、あるいは、こちらにやましさがあって、その相手と接するのが都合の悪い場合。マイナス状態である。「きまり悪い」と共通するところもあるが、たまたまといった偶発的で、予期しない状況との遭遇による場合の多い点が特色である。

「何気なく彼女の方を見たら、お互いの視線が合ってしまって、ばつの悪い思いをした」「だれもつけに行かないので、教室の電灯のスイッチを率先して、入れに立ったところ、電気がつかなくて実にばつの悪い思いだった」「もしもしと声を掛けたところ、振り返った相手は人違いで、間が悪かった」「落第点ばかりとっている先生のところへ会いに行くのは、どうもばつが悪い」「知らずに噂をしていたら、当の本人が後ろにいたので実に間が悪かった」「外国人らしいので英語で話しかけたら、日本語が返ってきて、間の悪い思いをしました」

ほがらか〔朗らか〕形容動詞

様子・有様に重苦しさ憂鬱《ゆううつ》さがなく、明るく晴れやかで楽しげな気分を催させるような感じをいう。プラス評価の語である。

分析 夏目漱石の『草枕』に「木蓮の枝はいくら重なつても、枝と枝の間はほがらかに隙いてゐる」(『草枕』十一)というのがある。枝をすかして空が明るく見上げられるさまを「ほがらか」と形容したものだが、現代語ではこのような状態には使わない。「朗らか」で形容される状態としては、人間活動のありさまや性格が主であるが、人間に朗らかさを催させるような自然界の状況、特に晴天の日やその空の模様を「朗らか」と形容することはある。

(1)気持ち、性格が明るく快活なさま。一時的な状態にも、その人の持続的な性格にも使う。心に心配事やわだかまりがなく、晴れ晴れとした気分。また、そのような気分のため明るく楽しげに振る舞う陽気なさまにも用いる。

「朗らかに笑う」「朗らかな顔で屈託のない様子」「今日も一日朗らかに過ごす」「あの人

はとても明るくて朗らかな方です」「朗らかでいいお嬢さんですよ」
連体形「朗らかな一家」と言う代わりに「朗らか一家」のように語幹を直接修飾語として用いることもある。「朗らか人生」
(2)空が曇りなく晴れ渡り、人の心を明るく楽しくさせるような晴れやかなさま「丘を越えて行こうよ、真澄の空は朗らかに晴れて、楽しい心」（島田芳文「丘を越えて」）
本来明るく晴れやかであるべき状況を曇らせ憂鬱にさせるような、何か心にのしかかるものが拭《ぬぐ》い去られて、全体として晴れやかで快活な状態である。このような状態の反対は「憂鬱」であるが、連用形は「憂鬱になる」のような例に限られ、「憂鬱に曇る」のような言い方はふつうしない。人間についても「憂鬱な気持ち」のような場合に限られ、性格などは「陰気な性格」「陰気な人」のように「陰気」を用いて「憂鬱」は使わない。曇天・雨天などから受ける陰気な様子や気分は「うっとうしい」も用いる。⇩さわやか（九九頁）

ほしい〔欲しい〕形容詞

それを得たいと願う気持ち。接尾語「がる」を付けて「欲しがる」、「さ」を付けて「欲しさ」の派生形を生む。

分析1 「欲しい」の対象は広い。人、物、事柄すべての領域にわたっている。

(1)それが自分に欠けていると思うので手に入れたい。

(2)それが不足していると思うので、もっとたくさんにしたい。

(3)その対象に関心・興味・欲望などを感じて、自己の所有としたい。

このうち(1)は主に事柄、(2)は物、事柄、(3)は人、物が対象となることが多い。

人……「女の子が欲しい」「赤ん坊なんか欲しいと思わないわ」「あの子が欲しい、この子が欲しい」(童歌)、「よきライバルが欲しい」「うちの社としては、未熟でもいい、若手が欲しいのです」「人材が欲しい」「よき後継者が欲しい」「部屋としては三役力士が欲しいところです」

物……「いいカメラが欲しい」「お金なんか欲しくありません」「欲しいと思っても、なかなか手ごろな土地が見付からない」「欲しい物があったら遠慮なくおっしゃい」「欲しくても値段が高くて手が出ません」「何も欲しくありません」

事柄……「仕事の完成にはもう一週間欲しい」「もう少し時間が欲しい」「ここの所に詳しい説明が欲しいですね。そうすれば立派な論文になります」「お金よりも、あなたの誠意が欲しいのです」「もうちょっと親切さが欲しかったと思います」「もう一工夫欲しいところ」「自由が欲しいなら、お勤めをやめることですね」「あと百票欲しかった。そうすればぎりぎりで当選できたのに」「あんまり感情的すぎる。もうちょっと理性が欲しい」「細かい心遣いが欲しい」「相手の理解が欲しい」「仕事が欲しい」

分析2 「AハCガ欲しい」文型となるのが本来であるが、あとに動詞が続くとき「いい仕事を欲しいと思うなら、それなりの成果を挙げて、人に能力を認めさせることだ」のように、「Cヲ」の形の現れることがある。これは「仕事を＋欲しいと―思う」のように「Cヲ」は「思う」に係っていくという意識のときである。「仕事が欲しい」なら、「仕事が―欲しい＋と思う」で、「Cガ」は「欲しい」に係っている。「欲しいと思う」と続いている意識の前者（ヲ文型）は、むしろ「欲しく思う」と連用修飾法で続けるほうが自然である。「仕事を欲しく思う」「他人のカメラを欲しく思う」

これは「羨《うらや》ましいと思う／羨ましく思う」「悲しいと思う／悲しく思う」などの例と同じで、「Cガ……いと思う／Cヲ……く思う」の対応関係である。その点「うれしい、悲しい、羨ましい、面白い、はずかしい、恐ろしい、恋しい、懐かしい、恨めしい、つまらない、よい、悪い」などの形容詞と共通する。

関連語 ～（て）ほしい

「欲しい」には、助詞「て」を介して動詞に続く補助形容詞の用法がある。「ぜひ私を推薦してほしい」「欠点ばかりでなく長所も見てほしいものです」「うるさいな。

どこでもいいから早く行ってほしい」「駅へ行って汽車の時間を見て来てほしい」「両親には長生きしてほしい」「急用があるからすぐ帰って来てほしい」「呼ばれたらすぐ来てほしいわ」

他者がある行為をしたり、ある状態になったりすることを、相手に望む気持ちである。「ちょっとそこまで行って煙草を買って来てほしい」と直接その相手に希望する場合のほか、「早く帰って来てほしいとうちの息子に言ってください」のように、間接に述べる場合にも使われる。

補助形容詞「〜てほしい」は、本形容詞「ほしい」と違って、「AハCヲ……てほしい」と、Cにヲ格を取るのが今日一般である。少し古いところでは、

「何処其処のお嬢さんが着て居るような洋服が買って欲しい」(谷崎潤一郎『小さな王国』)

のように「Cガ……てほしい」と、ガ格で受ける例も見られたが、「Cガ」とすると、Cは「てほしい」気持ちの対象とはならずに、それを希望する主体(A)と錯覚されるため、今日ではあまり用いられなくなったようである。特にCに人間が立った場合、「(病人は)医者を呼んでほしいそうです」を「医者が呼んでほしいそうです」とガ格を用いると、〝医者がだれかを呼んでほしい〟と誤解されやすい。「欲しい」は「水が欲しい」とガ格で、「〜てほしい」は「水を汲んで来てほしい」とヲ格で表す。他者に行為の実施を誂望《ちょうぼう》する

「～てほしい」は、「水を汲んで来てもらいたい」と「～（て）もらいたい」表現も使われる。「家まで届けてほしい／届けてもらいたい／届けてくれ」後者ほど、相手への働き掛けが直接的となる。⇩～たい（一二〇頁）

関連語 ほっする

「……を欲する」「……しようと欲する」などの形で用いる。ある事柄や状態を表す名詞、意志的な行為の動詞を立てて、それが実現することを望むこと。⇩のぞむ

「だれしも平和な社会を欲している」「偉くなろうと欲して偉くなれるものなら、だれでも偉くなっていることでしょう」「進んで苦難を欲するほど出来た人間ではない」文語的な語で、ふつうの会話ではあまり用いられない。

まあ　感動詞

驚きや感嘆のとき発する声的感動詞。短い「ま」の形も用いられる。対人関係に立てば、相手に注意を促す呼び掛けや制止の語となる。一方、これとは別に「今」が「いま一枚／ま一枚」（〝もう一枚〟の意）のように「ま」に転じ、「ま／まあ」の形で副詞として働く。〝今のところ、それほどではないが、どうにか〟の意味である。

分析　相手を意識せず独り言のように発する叫びの声である。ただ一言「まあ」と叫ぶ場合のほか、

まあ……びっくりした／驚いた／あきれた／ひどい／いやだ／いやらしい／恐ろしい／こわい／すごい／すてき／すばらしい／きれい／にくらしい／うれしい／おいしい／安い／高い／偉いわねえ／上手ねえ／大きいこと

のように、驚き・意外・感嘆・賞讃などの気持ちを起こす形容詞・形容動詞の先導語として現れる。このような感覚や感情の本能的反応から発せられる叫びは非分析的な音声となる。「まあ」は「ああ」や「きゃあ」「さあ」「なあ」「はあ」「やあ」「わあ」と同じ母音ア系統の声的感動詞である。自己の内部的な原因だけから生起する事柄には「ああ苦しい」「ああ痛い」「ああ、わかった」のように「ああ」「あ」を用い、「まあ」は外在の事物から引き起こされた感情・感覚に用いる。「あら、まあ」のように、他の感動詞と並用する例もみられる。

「まあ」は「まあすてきねえ」「まあうれしい」のように女性語として用いられるが、「まあ、何てあきれた奴だ」など男性が使う例も少しみられる。「まあ」(1)に対する男性語は「やあ」である。

(2)呼び掛け・制止のとき発する語

「まあ、ちょっと待ってくれ」「まあ待てよ」「まあお待ちなさい」のように、対者意識に立って、相手の行動に何らかの方向指示を与えるとき、その相手に呼び掛け、まず心をこちらに向けさせるために叫ぶ語。「ともかく、まあ一つ食べてみてください」のように、〝細かい理由やせんさくは後回しにして、とにかく現時点では……しろ〟と相手に強制ないしは制止して、こちらの意図する行為や状態に持っていかせるとき用いる。「ま」の形も多い。

まあ……落ち着いて／座って／おはいり／お静かに／見てごらん／あわてるな

強い強制・制止から、弱い哀願まで、例は広がっている。「まあ、だまされたと思って一度ためしてごらん」「まあ、そうおっしゃらずに、一つお願いしますよ」

この、相手の行為に方向づけやブレーキを掛ける意識が自分自身に向けられれば、次の⑶となる。

⑶軽くおさえた判断として用いる。

「まあどうやらこれで終わった」「まあ何とかやるにはやったが」「いくら頑張っても、まあその程度が限界でしょう」「子供のやることだから、まあ致し方ない」「まだ小学生だ。まあ、そんなところが妥当な線だろう」

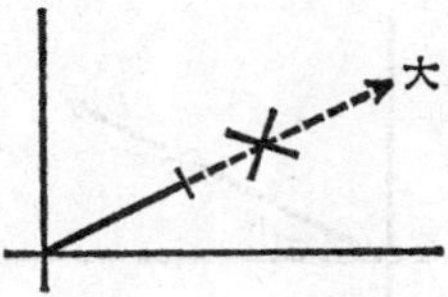

小から大へと伸展していくある状況や何かの働きが、何かの条

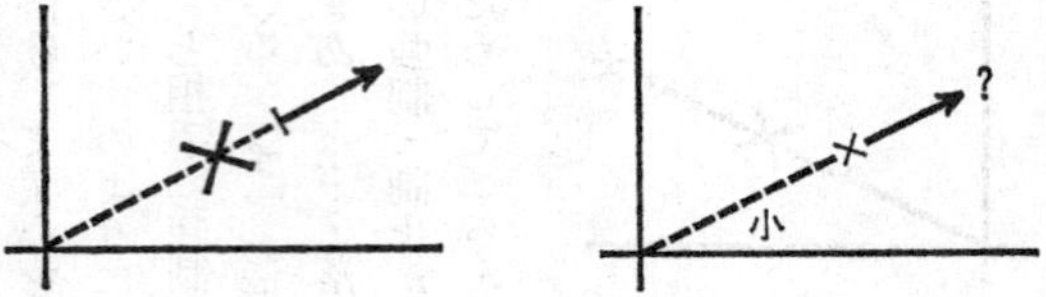

件でストップする限界点を冷静に認め、現実の事実として受け止める、もしくは自身の控《ひか》えめの判断として示す意識である。「まあ、いいや」「まあ、それだけ出来ればじゅうぶん」「まあ、我慢しましょう」「まあ無理をしないで、今日はこの辺でやめておこう」

も、その限界点をよしとして認める気持ちである。また「そんなにおっしゃるなら、まあ考えてみましょう」「まあ、やってやれないこともないが」

のように、その限界点で終止符を打たずに、とにかく可能なかぎりその先へと〝大〟の方向へ向けて努力する気持ちを表す例もある。このような発想は〝能力の限界〟と〝それに向けての努力〟を基本にすえているため、「せいぜい」「どうせ」などと通ずる点がある。⇩どうせ（一三七頁）

〝どんなに高く見積もっても〟という意識は、それに対する不十分・不満足感を伴うが、一方、大へと伸びていくレベルを〝低く見積もってもこの程度〟と下限の限界点で示す発想では、

「僕がやれば、まあざっとこんなものさ」

のような言い方を生む。〝どんなに悪くても〟〝最低これ以上〟であるという自信に満ちた言い方となる。

一方、限界点の範囲にとどまっている現状を冷静に認め、不十分・不満足ではあるが、さりとて打開策もないままに、その範囲内でとにかく収まっているのだという気持ちにも「まあ」は用いられる。

「まあ何とか努力してはみますが」「まあ今のところは特に困るというほどでもないが」「代わりの人は、まあ何とか当てがついています」

〝何とか〟〝どうにか〟の、可能・不可能の境め意識が生ずるのも、限界点に根ざす発想だからである。

関連語　まあまあ
「まあ」の畳語「まあまあ」は、その限界点に対して手放しで満足せず、不十分さを認めながらも、一応は満足する程度には達しているものと判断するとき用いる。決して十分ではないが、だめでもない、それでよしとすべき不完全な十分さ、不満ながらも認めてやらねばなるまいという、飛びきり上等ではないやや低めの評価である。「まずまず」に近い。
⇩まず（二〇一頁）
「まあまあの成績」「景気はどう？／まあまあだよ」「記録はまあまあだが、レースの勘をとり戻したことは収穫だった」

まさか　副詞

真実である可能性、または実現の可能性のありそうなもののうちから、仮に一つを想定して、それが現実となる可能性を強く否定したい、あるいは否定しなければならない気持ちを表す。

分析1　現実となる可能性を否定するということは、蔭に、その事柄が現実となること（もしくは現実であること）は不都合であるとか、当人や現状にとってははなはだしく不釣合で好ましからざる事態であるとかの判断がある。

「こんなにいい天気が続いているのだから、明日はまさか雨が降ることはあるまい」はいいとして、その逆、「こんなに悪い天気が続いているのだから、明日はまさか良くなることはあるまい」とは、特別の状況がない限り言えない。「まさか」は単に〝そんなことは絶対にあり得ない〟という気持ちだけを表すのではない。そのような状況が現実となることへの強い否定意識、つまり現実となることを敬遠し、できることなら避けたいと思う場合や、それがあまりにも不相応で、想像を超えるような異常性と思われるような場合に限られる。結果がプラス評価の状態の場合でも、不釣合、身のほど知らず、とても無理な相談などで、現実となったら滑稽な状態と思われるような、状況としてはマイナス評価の事態である。「うちの庭を掘ってもまさか石油は出ないでしょう」出たらお笑い千万というべき非現実的話題だから「まさか」が使える。「まさか僕にノーベル賞なんて」

a、あなたは、まさか私の腹違いの妹ではないでしょうね。

b、あなたは、もしや私の腹違いの妹ではないでしょうか。

「まさか」を使えば〝腹違いの妹〟であった場合を困った由々しき事態として受け止め、危惧の念をもって相手に探りを入れている。「まさか……ないでしょうね」と念押し表現をとっているのも、強い否定意識の現れである（「まさか……ないでしょうか」とはならない点に注意）。一方、「もしや」を使うと、妹であることを願って、それが事実であるかどうかを確かめている質問表現となる。「……ないでしょうか」は否定ではなく、控えめの問いただし意識である。

「まさか」で導かれる事態は、状況としてのマイナス状態であって、事柄自体の良否とは関係ない。

「あなたは、まさか喜んでいるのではないでしょうね」

喜ぶことはプラス評価の行動であるが、「まさか」を使うことによって〝悲しまねばならぬおりにもかかわらず、喜んでいるのではないでしょうね〟といった、前後の状況との対応における不整合からくるマイナス評価の状態となる。突然の電話に、風呂から飛び出して電話口に出、あとで「まさか僕が裸でいたとは思うまいよ」と言ったとすれば、この「まさか」は、よそ行きのことばを使って対応した相手が実は裸であったという不似合い不整合から来る意外さ（マイナス評価の状態）、決して想像することのできない状態、しかも、それが事実として明るみに出ることを強く否定しておかねばならぬ意識に由来している。

分析2　「まさか」には、(1)事態と状況との不整合を有り得ぬことと否定する場合、(2)対象の状態に対するマイナス評価の想定、(3)相手に対して対者意識としての都合の悪さから用いる場合などがある。

(1)前後の状況と相反することに対する異和感による場合

「まさか社長がご存じないはずはないでしょう」「まさか普段着で出勤するわけにもいかない」「まさか僕が嘘をついているとは思うまい」「まさかこんな話本当にするまいと思ったのに、相手は信じ切っているんですからね」「まさか君が僕の前歴を知っているとは思わなかった」「今日は寒いから、まさか水泳はするまい」

(2)対象に対してマイナス状態を想定する場合

「まさか彼が犯人じゃないでしょうね」「君はまさか僕を恨んでいるんじゃないだろうね」「あの真面目な男がまさかそんな悪いことをするはずはない」「正直に申し出ても、まさか叱られたりはしないだろう」「急に空が暗くなってきた。まさか雹《ひょう》でも降ってくるんじゃないだろうな」「ここに置いておいた財布が見当たらないのだが、まさか君ではないだろうね」「だれも手を付けないが、まさか毒が入っているわけでもあるまい」

(3)対者意識に基づく都合の悪さ

「まさか上役より先に帰るわけにもいかないし」「まさかお客さんに帰ってくれとも言えないし」「いくら真実だとしても、まさか病気は癌《がん》だなどと本当のことも言えない」「原稿が出来上がっても、そのあとに校正という仕事が残っているが、まさか他人任せにするわけにもいかないめんどうな仕事である」

右のように「まさか」は、対象の状態や自身の行為に対して否定的意見を加える表現であるから、多く打ち消し「ない」を後に伴い、意志や推量の言い方を要求する。「まさか……ないだろう／まさか……まい／まさか……はずはない／まさか……わけにもいかない／まさか……とは思うまい／まさか……とも言えない」

分析3　右のような1副詞的用法のほかに、次のような用法もみられる。

2名詞的用法「まさかの～／まさかに～」の形で

「まさかの時に備えて、食糧や薬品、飲料水などを用意してある」

「……のとき」を省略して「まさかに備えて……」とも言う。万一の予期せぬ場合、非常事態である。

3感動詞的用法

応答詞として用いる。相手の言うことが現実から掛け離れすぎていて、直ちに受け入れることができない場合や、とても信じられない場合などに使う。「デパートへおいでになれば人間生活のすべての用が足りる、というようにしたいものです／すると、お嫁さんがほしい、この嫁がよかろう、なんていうことになりますか／まさか」「あなたなら百問ぜんぶ答えられるでしょう／まさか」「四十度も熱があるというのに会社へ出掛けるのですか／まさか」

関連語　よもや

「よもや知るまいと思ったことを相手はみんな知っていたので、びっくりした」「よもやと思ったことが真実となった」

「まさか」と似て、後に打ち消しを伴い、皆無とは言い切れないにしても、まず実現性のないという判断の気持ちを表す。「よもや先生のご恩を忘れたりは致しません」のように〝絶対に〟という強めのことばとして用いられることもある。この場合には当人の意志的な行為にも用いられるが、その他の例では対象や他者の上の状況に対する判断に用い、「まさか」と異なって、自身の意志的行為には用いない。

まず　副詞

いくつかの事例・事物の中から、最も可能性の高いもの、最も要求されるもの、最も必要とされるもの、を第一に取り立てる気持ち。

分析 ①「まず一服して、それからお話し致しましょう」「まず一杯飲んでから食事にしよう」「何はさておき、まず学校に報告しよう」「まずは御礼まで」「なんといっても、まず健康第一」「まず時間が欲しい。それから金が欲しい」

種々の事柄の中から、真っ先に行うべきこと、第一に重要なことを選び出す場合である。

②「一千万円を用意すれば、まず安心」「これだけ予習しておけば、まず大丈夫」「彼のことだから、まず間違いないと思うが」「お前じゃ、まずだめだろう」「相手の実力はまずこんなところだ」「どうだ、我輩がやればまずこんなものだ」など。

種々の結果が考えられるが、その中で最も可能性の高い状態や、その結果受けるであろう気持ちを叙す場合に用いる。当然、不確かな断定となることが多く、「恐らく」「おおよそ」「だいたい」などの意味に近い推量気分を伴う。

まよう〔迷う〕自動詞

古語は、布の糸目が乱れ片寄るの原義から、髪がほつれたり、心が乱れたりすることに用いられたが、現代語は、その乱れもつれる状況にも似た事態の錯綜に直面して、はっきり見極めがつかず、心が混乱し、どのように対応しけりを付けるべきかの判断が下せない状態となることを表す。そのような状態は「迷い」。なお、古語では前半の〝心が混乱する〟までの状態が「迷ふ」、後半の〝どうすればよいかわからなくなる〟状態は「惑ふ」であった。

分析1 「迷う」の発想は、主体の現在の状態が解決状態になく、ある未解決の状況に置かれているのである。その未解決状態から抜け出すことを願っていながら、そこから解放される手だてや判断がつきかねている精神や体の模索状態をいう。解決・未解決の状態は二者対立の対称状態にあるが、未解決状態から抜け出す手だてのつきにくい原因として、「迷う」の意味が幾つかに分かれる。

(1)心や魂が悟りの境地へ行けずに放浪する（Aガ迷う）

悟りきれず、そのため何かの執念から解放されずにいるのである。

「死んだ人の霊が成仏できずに迷っているに違いない」「迷わずに成仏せいよ」「迷える小羊」（煩悩《ぼんのう》のとりことなっている哀れな人間を表す）

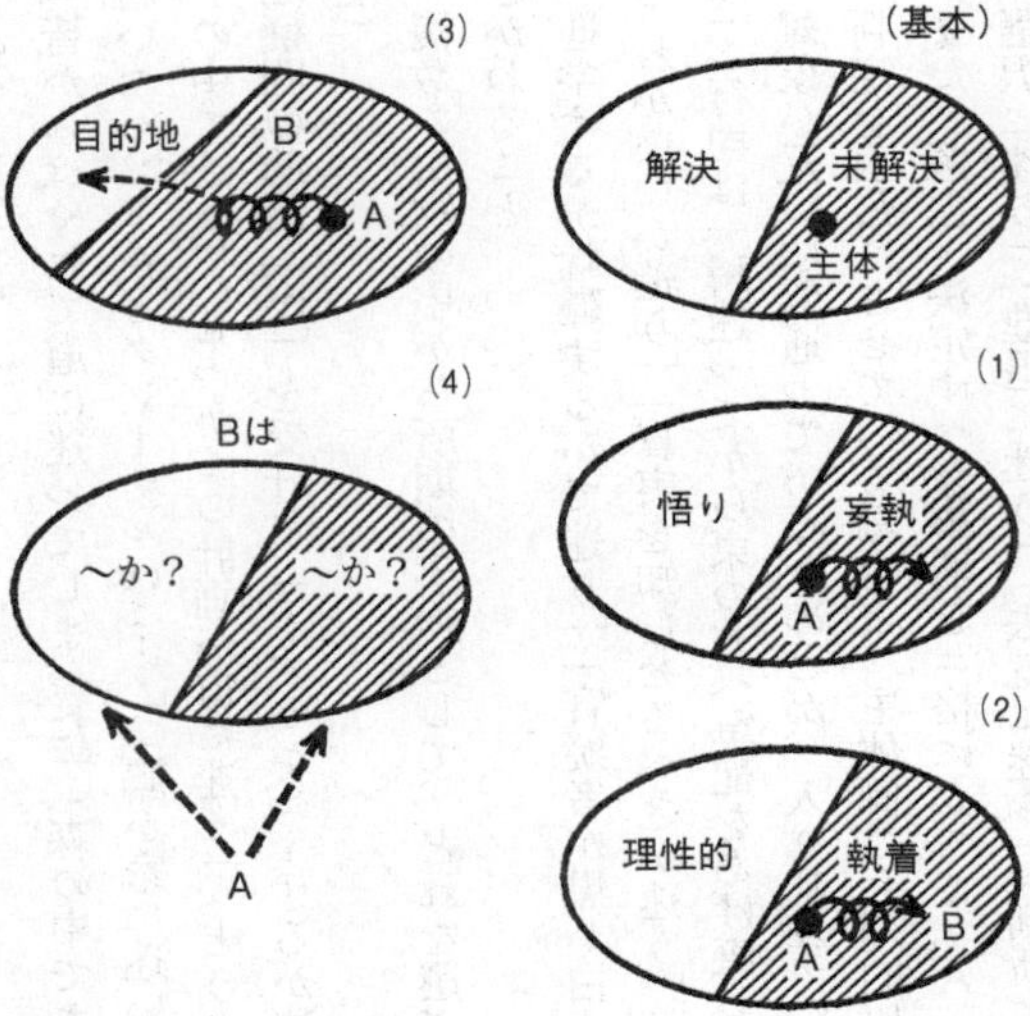

(2)迷う原因をニ格に立てて(AガBニ迷う)
「女に迷う」「酒色に迷う」「迷いから目が覚める」

心がその対象Bの誘惑に対抗できず、Bの魅力に負けて、Bへの執着に捕らわれた状態にあるのである。正常な理性の働きが失われた、心の狂った状態にあることで、「血迷う」もここから出た語。

女、血肉、悲しみ、怒り、恐怖……に血迷う

(3)迷っている場面をニ格またはデ格に立てて(AハBニ迷う／Bデ迷う)

地理的場面やコースの的確

な理解がないため、あるいはその地理が複雑なため、正しいコースをはずれて放浪するのである。「さまよう」こと。

「皆からはぐれて道に迷ってしまった」「森の中でさんざん迷ったあげく、やっとたどり着いたヘンゼルとグレーテルは……」「鳩が家に迷い込んできた」「出口がわからずデパートの中で迷う」「せっかくの計画が宙に迷う」（どうなったかわからない）
(4)疑問の助詞「か」を受けて「～するか（～するか）で迷う」（「デ」は省略することも可能）
複数の事物の中から所期の事物として、どれを選ぶべきかどちらが該当するか決断がつきかねること。

「進学するか就職するかで迷う」「容疑者が黒か白か迷う」「賛成すべきかどうか迷う」「どれがいいか迷う」「真実を知らせるべきか迷う」「どっちへ行けば駅に出られるかで迷う」「行司は一瞬迷ってから東の方へ軍配をあげ直した」

対象が互いに似通っているためとか、入り乱れて紛らわしいためなどにより、成否黒白の判定を困難にさせている場合と、主体側の心理的原因で迷う場合とがある。

また、選択・決定すべき事柄をニ格に立てて「AハBニ迷う」の形で
「選択に迷う」「進退に迷う」「去就に迷う」「判断に迷う」「代表者の決定に迷う」「候補者の推薦に迷う」「○×式の答に迷う」「印刷が不鮮明で何という字が書いてあるのか判読

に迷う」

なお、右のような文型の、はっきり現れない場合もある。「困っちゃうなあ。皆の言うことを聞いてると、どれももっともらしくみえてきて、迷っちゃうなあ」

a・bまたは、a・b・c……とある中のどれにするか心が決まらず揺れ動いている状態である。

分析2 「迷わず（に）……する」の形で、″ためらわずに直ぐに″の意を表す。その対象について確たる理解をもっているため、自信に満ちて即座に行動に移すさまを叙すことばである。

「二つのつづらを出されましたが、お爺さんは迷わずに、小さい方のを手にしました」

「鳩は二回、三回頭上を旋回していましたが、やがて迷わず南の方を指して飛び去りました」

めずらしい〔珍しい〕形容詞

「珍しい」は″愛《め》ずべき状態である″こと。つまり、その事物が普通一般と違っているため同類のものがきわめて少なく、希少価値のあるものとして尊重すべき状態だと感じる気分をいう。ありふれていないことに真新しさを覚え、関心を引く状態・性質であると感じる。

分析1 語源からも分かるように、「愛づらし」は愛賞すべき状態にあるさま。当然プラス評価がなされている。「珍しい品種」「珍しくよく晴れ上がった梅雨時の一日」「珍しくもありませんが、お一つどうぞ」など、いずれも珍重すべきプラス評価の場合である。もちろん「お相撲さんには珍しい小柄な体軀」「夜中の十二時まで残業するのは、別に珍しいことでもない」「まじめな彼が外泊するなんて、珍しいことがあるものだ」のように、特別な評価を伴わない例もある。

分析2 「珍しい」は、時や場所、社会を限定して、その範囲内においてきわめて例が少ないことにも使う。「当時珍しかった蛍光灯のスタンド」「田舎では珍しい最新流行の髪型」「アメリカでも珍しい高級車」のように、ある範囲で希少な場合のほか、絶対的に少ない場合にも使える。「世界でただ一冊の珍しい本」「こんな南国で雪が降るとは珍しいことだ」「火星がこんなに地球に接近するのは珍しい」「惑星直列という珍しい現象」など。最初の例のように、ただ一つしかない場合も「珍しい」だし、後の例のように、周期的に必ず生起する事件でも、人間的尺度からみて間隔があれば「珍しい」である。

関連語 **まれな**
同類のものがあまりないという点で「珍しい」と共通する。ただし、「稀《まれ》な」は、きわめて少ないことを客観的に叙述する語で、「珍しい」のような、珍重する気持ちは特に含まれていない。

「人影もまれな夜の街角」「鄙《ひな》には稀な美人」「世にも稀な玉虫の厨子《ずし》」のように人や物にも使われるが、多くは、「そのようなことは古来稀だ」「まれにしか起こらぬ珍しい現象」「狼に育てられて無事成長するという例はまれだ」のように、めったに起こらぬ事件について使用される。はじめの「人」に係る例も、特定個人を限定するのではなく、そのような事例と解すべきで、めったにない事例・事件を表すと言っていいかもしれない。

「まれな」は〝めったにない〟〝ほとんどない〟という否定的発想に立っている。そのような事例・事件はあまり例がないという発想は、裏を返せば、多少は類例が見られるということで、「まれな」は唯一の事柄には使えない。「世界でただ一冊の稀にしかない本」という表現は矛盾している。この点が「珍しい」と異なるところである。「珍しい」は、きわめて少ないという肯定的発想なので、唯一の事物にも使える。

なお、「まれ」は一つの叙述の中で使われる語で、

「……は稀だ」「……することは稀で……」「……することは稀にしかない」「……することも稀にはある」「……では稀な××」「稀に……する××」

のような形式をとり、他の語と組み合わさって一つの言い回しとして用いられる。「まれな品物」とか「まれなことが起こる」「まれによく晴れ上がった一日」のような、単独で

一つの修飾語となる言い方は不自然（「珍しい」なら可能）である。必ず「世にもまれな品物」「この地方では稀なこと」「まれにしかないよく晴れ上がった一日」のように、他の語と組み合わさって一つの文成分となっている。

やはり　副詞

現実の状況が、話し手の観念内にある基準と差がない場合に用いる。「やっぱり」の形も使う。

分析 話し手の観念内の基準には、幾つかの種類が認められる。

1 過去の状態を基準にすえた「やはり」

「今でもやはり国語の先生をしていらっしゃるのですか」「結婚してもやはり旧姓を名乗っている」「大人になってもやはり昔のくせは変わらない」「冬になってもやはり朝のマラソンは続けています」

〝過去の状態から推して現状もそうであろうと予測したとおり〟〝過去のある状態の延長として現状も変わっていない場合〟などを表す。「相変わらず」と類似しており、ほとんどが言い換え可能である。ただし、「相変わらず」は、過去のある状態や事柄の程度が〝時の隔たり相応に変化しているはずなのだが、一向に以前と変わっていない〟場合をいう。「今でも相変わらずアパート住まいだ」は、〝その後、長い年月が経ったのだから、生活が向上してマンションか一戸建て住宅にでも住んでいると思うだろうが、一向に変わらないで、前と同様アパート住まいなのだ〟の意味である。

「今でもやはりアパート住まいだ」は、〝以前からアパート住まいだったから、現在もきっとアパート住まいだろうと想像されるとおり、今もアパートに住んでいる〟の意味になる。

「相変わらず」は変化向上（または変化下落）を前提とした不変化状態に言い、「やはり」は不変化を前提とした不変化状態を指す。したがって、「やはり」を他者に対して用いれば、〝思ったとおり〟〝予想通り〟〝案の定〟の意味を帯びてくる。それに対し「相変わらず」は〝予想に反して〟の意味となり、「あれから半年にもなるというのに、彼は相変わらず床に伏せっていた」などと言う。

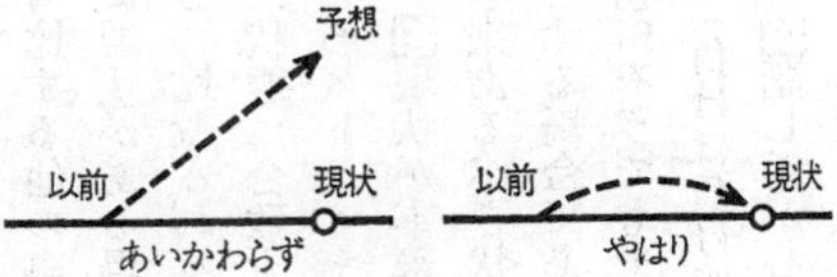

②他の状況を基準にすえた「やはり」

他者を基準としそれから類推して現状がそれに合致する場合を言う。〝同様に〟〝同じく〟の意味である。

「兄も優秀だったが、弟もやはり秀才だ」「皆と同様、私もやはりストライキには反対だ」「去年も暖冬だったが、今年もやはり暖冬で雪が少ない」

対比する他の事柄・状況などから推して、〝当然こちらも……であろう〟と予測する状態に現状がある場合に用いる。予測や比較の基準となる他者の状態と、「やはり」で示される、比較される側の事柄や状況の現状とを客観的に対比する発想である。他者から類推した状態に合致すれば「やはり」だが、相違が多少でもあれば「むしろ」である。「私はむしろストライキには反対だ」

③現状が本来の姿であるという認識を基準にすえた「やはり」

本来あるべき状態と比較して、現状に多少の相違は見られるものの、本質的には差がないとする場合である。

「利口そうでもやはり子供だ」「雨は少ないけれど、やはり梅雨だ」「涼しくてもやはり夏だ」「負けは負けでもやはり横綱だけあって堂々たる戦いぶりだ」

④話し手が心に描いた状態を基準にすえた「やはり」

その事柄・事態が、話し手の期待や予想、常識的判断、思考判断などと比べて差がない場合である。「期待通り」「思ったとおり」「案の定」などに相当する。

「やはり彼は白だった。真犯人はほかにいる」「やはり血は争えない」「語学の学習はやはりむずかしい」「あの大学はやはり程度が高い」「やはり田中君だった。後ろ姿で見当がついたよ」「火星人なんてどう考えても、やはりいないよ」「やはり舶来品は違いますねえ」

「やはりチャンピオンは強い」「やはり僕の考えは正しかった」「あんなに運動したけれど、やはり当選は無理だったか」など。

⑤外在する規則を基準にすえた「やはり」

事柄・状況などが社会の通念・規則・法律・法則などによって定まっており、変更がきかない場合である。

「いくら頼んでも、やはりだめなものはだめだ」「どんなに皆が否定しても、地球はやはり回っている」「いくら嘆願書が出ても、やはり法は曲げられない」など。

よろこぶ〔喜ぶ　悦ぶ〕他動詞

本人にとってプラス評価の状態に出会って満足し、うれしがる。「しい」を付け、「喜ばしい」の形で形容詞としても用いる。

分析 「喜ぶ」は元来、当人個人のうれしいと思う気持ちに発して、心や態度・言葉・行動にそれを表す行為である。

動詞なので、形容詞「うれしい」とは用法上大きな違いがある。

「うれしい」は感情形容詞なので、話し手自身の感情を表し、第三者の状態としては、接尾語「がる」を付けて「うれしがる」と動詞化するか、「の」を伴って名詞相当の資格を

与え、「うれしいのだ」と言わなければならない。「彼はうれしい」とは日本語では言わない。⇩-がる（五九頁）

（私は）うれしい　彼はうれしがる

　　　　　　　　彼はうれしいのだ

一方、「喜ぶ」は客観的な動作動詞であるため、特に言語主体（話し手と聞き手）の感情を表すわけではない。

「父はたいそう喜んでおりました」「合格のニュースを聞いて彼は小躍りして喜んだ」「皆、手を叩いて喜んだ」「新しい校舎が完成して、先生も、父兄も、子供たちも、みんな喜んでいる」

のように、三人称主体の動作としてとらえる。「君は喜んでいるか」「私はきっと喜ぶだろう」のような一・二人称主体の言い方は、特別の場合以外にはしない。「（君は）うれしいかい」「そうなったら、きっとうれしいだろう」「もしそれが本当だったら、どんなにかうれしいことだろう」

などと「うれしい」を使うのが自然である。もっとも、自身のことにも、

「喜ぶのはまだ早い」「どんなに喜んでも、喜びすぎということはないだろう」「そう手放しで喜んでもいられない」「喜んだのも束の間、これからが大変だぞ」「喜んでばかりいたら、とんでもないめにあった」

のように言うことはある。しかし、これらは「うれしい」のような即事的感情ではない。自身の行為には違いないが、説明的で、事実を客観的に眺めている。その証拠に、もしこれらの例を「うれしい」で表そうとするなら「うれしいと思うのはまだ早い／うれしがるのはまだ早い」のように他の動詞「思う」の力を借りるか、「－がる」を付けて動詞化しなければならない。

「当地は、市とは申せ郊外で、まだ武蔵野の自然も残っており、研究生活を送るには願ってもない絶好の場所と、家族一同喜んでおります」

のような言い方も、書簡文などでは多用されているが、これは自己を第三者的にとらえることによって、新居の閑静なさまを愛し感謝する、自分の心を客観的に叙すという態度を示している。手放しで「うれしい」と表現するよりは、一歩退《ひ》いて現状を眺める理知的態度のほうが、控えめで、つつましやかで、書簡文としてふさわしい。⇩うれしい（三六頁）

関連語　よろこばしい

「喜ぶ」に「しい」を付けて形容詞化すれば、その対象が喜ぶべき状態にあることの認定となる。

「今日は皆が学校を巣立つ喜ばしい日だ」「二人の幸せを喜ばしく思う／感じる」「だれ一

人落伍者も出ず、全員が立派な成績で卒業できるということは、実に喜ばしい」

外在する事柄・状況をうれしいことと話し手が認め思うこと。「うれしい」と違って、自己に関することにはふつう使わない。「志望する大学に入れて、とてもうれしい」を「喜ばしい」と言うと、話し手自身のことではなく、他者の入学を喜ぶ気持ちとなってしまう。「君が志望する大学に入れて大変喜ばしい」「彼が志望する大学に入れたことは喜ばしいかぎりだ」

「喜ぶ」に発する語なので、「しい」を付けても、やはり本来の客観性が残るのであろう。多分に説明的である。

「これ私にくださるの？　まあ、うれしい！」

のような内発的な自然感情は「喜ばしい」では表せない。

「閣下よりじきじきお言葉を賜りますとは、まことに喜ばしき幸せ」

自己の事柄に使われても、自然な感情表出ではない。喜ぶ自己の心を表すのではなく、その対象とする事柄が喜ぶべき状態にあることを表しているのである。

あとがき

四十年ほど前、外国人留学生に日本語を教えていたときのこと、一人の生徒が「先生、このくらいの大きさの日本語の辞書は、まずいくらぐらいですか？」と質問してきた。この「まず」の使い方に違和感を覚えたので、手もとの国語辞典を数冊引いてみた。すると、いずれも二つか三つの言い換え、㈠第一に。最初に。㈡ともかく。何はともあれ。㈢大体。と並べ、後に例文を示している。つまり、この方式はまさに英和辞典そのもので、その見出し語に対応しそうな訳語を幾つか並べ、文脈から最も合いそうな意味を選択させる。読解の補助手段としての役割でしかないのだ。一般の国語辞典も、互いに何の関係もなさそうな言い換え語ないしは語釈を併記するだけで、なぜそのような種々の意味が生まれてくるのか、その語の持つ基本的な発想にまで説明が及んでいない。

ある一つの発想のもとに、それが場面や文脈に応じて幾つかの個別的な意味へと分化し派生していく。その微妙な意味内容の差を引き起こす文脈上の制約や他の語との共起関係を細かく説明してくれなければ、現実の文脈内での言葉の正しい措辞能力は身につかない。さもなければ冒頭に掲げたような誤用も生じないはずである。

以上のような見地から、著者はかつて『基礎日本語辞典』を執筆した。幸いその精緻な記述と、意味理解に役立つよう工夫を凝らした挿し絵などによって、特に日本語教育の世界において好感をもって迎え入れられ、版を重ねて今日に至っている。

しかし、一千ページを超す大部な物ゆえ、じっくり腰を据えて読み進めていくには、いかにも分量が多すぎるし、収録語の内容も多岐にわたっている。これを項目内容のテーマ別に編集し直し、適度な分量に抑えて、読んで楽しめ、読んで勉強できる読み物として世に問うてみてはどうだろうかという声が耳に入ってきた。そこで、その一番手として「気持ちや気分・感情をあらわす言葉」をピックアップし、一冊にまとめてみたのが本書である。

一口に気持ち・感情と言っても、心の有り様を表す副詞・形容詞の類や、心の動きを示す動詞など多彩である。そして、どの語をとっても、その背後に潜む人間の眼――はなはだ日本人的な特異なまなざしを見て取ることができるだろう。本書の内容に少しでも興味を抱かれたなら、本書の元になる『基礎日本語辞典』をぜひ手に取っていただきたい。種々の分野の語彙に触れられ、著者の目指す、日本人によって創り出された日本語の妙味に酔いしれることができるであろうから。

最後に、本書の企画を発案され、好意的な推薦のことばを寄せてくださった、辞書研究の第一人者で芸人としても著名なサンキュータツオ氏に感謝のことばを捧げたいと思う。

平成二十六年四月

著者

本書は、平成元年に弊社より刊行された『基礎日本語辞典』から項目内容を厳選し、テーマ別に再編集の上、文庫化しました。

気持《きも》ちをあらわす
「基礎日本語辞典《きそにほんごじてん》」

森田良行《もりたよしゆき》

平成26年 6月25日 初版発行
令和6年 10月25日 16版発行

発行者●山下直久

発行●株式会社KADOKAWA
〒102-8177 東京都千代田区富士見2-13-3
電話 0570-002-301(ナビダイヤル)

角川文庫 18627

印刷所●株式会社KADOKAWA
製本所●株式会社KADOKAWA

表紙画●和田三造

ISBN978-4-04-407104-2 C0195

角川文庫発刊に際して

角川源義

第二次世界大戦の敗北は、軍事力の敗北であった以上に、私たちの若い文化力の敗退であった。私たちの文化が戦争に対して如何に無力であり、単なるあだ花に過ぎなかったかを、私たちは身を以て体験し痛感した。西洋近代文化の摂取にとって、明治以後八十年の歳月は決して短かすぎたとは言えない。にもかかわらず、近代文化の伝統を確立し、自由な批判と柔軟な良識に富む文化層として自らを形成することに私たちは失敗して来た。そしてこれは、各層への文化の普及滲透を任務とする出版人の責任でもあった。

一九四五年以来、私たちは再び振出しに戻り、第一歩から踏み出すことを余儀なくされた。これは大きな不幸ではあるが、反面、これまでの混沌・未熟・歪曲の中にあった我が国の文化に秩序と確たる基礎を齎らすためには絶好の機会でもある。角川書店は、このような祖国の文化的危機にあたり、微力をも顧みず再建の礎石たるべき抱負と決意とをもって出発したが、ここに創立以来の念願を果すべく角川文庫を発刊する。これまで刊行されたあらゆる全集叢書文庫類の長所と短所とを検討し、古今東西の不朽の典籍を、良心的編集のもとに、廉価に、そして書架にふさわしい美本として、多くのひとびとに提供しようとする。しかし私たちは徒らに百科全書的な知識のジレッタントを作ることを目的とせず、あくまで祖国の文化に秩序と再建への道を示し、この文庫を角川書店の栄ある事業として、今後永久に継続発展せしめ、学芸と教養との殿堂として大成せんことを期したい。多くの読書子の愛情ある忠言と支持とによって、この希望と抱負とを完遂せしめられんことを願う。

一九四九年五月三日

森田良行の本

基礎日本語辞典

日本語の微妙なニュアンスが、読めば読むほどよくわかる！

普段、日常的に使うことばのなかで、対義語や類義語との関係が複雑なものや、慣用的用法、比喩的用法に注意が必要なものを厳選。そのことばの中心的な意味や、具体的な場面を設定した使い分けのポイントを鮮やかに分析した画期的な日本語辞典。

ISBN978-4-04-022100-7

角川ソフィア文庫ベストセラー

日本語質問箱　森田良行

なぜ「水を沸かす」といわず、「湯を沸かす」というの？　何気なく使っている言葉の疑問や、一字違うだけで意味や言い回しが変わる日本語の不思議をやさしく解き明かす。よりよい日本語表現が身に付く本。

古典文法質問箱　大野　晋

高校の教育現場から寄せられた古典文法のさまざまな八四の疑問に、例文に即して平易に答えた本。はじめて短歌や俳句を作ろうという人、もう一度古典を読んでみようという人に役立つ、古典文法の道案内！

古典基礎語の世界
源氏物語のもののあはれ
編著／大野　晋

『源氏物語』に用いられた「もの」とその複合語を徹底解明し、紫式部が場面ごとに込めた真の意味を探り当てる。社会的制約に縛られた平安時代の宮廷人達の生活や、深い恐怖感などの精神の世界も見えてくる！

日本語教室Q&A　佐竹秀雄

「あわや優勝」はなぜおかしい？「晩ごはん」「夕ごはん」ではなく、なぜ「夜ごはん」というの？　敬語や慣用句をはじめ、ちょっと気になることばの疑問を即座に解決。面白くてためになる日本語教室！

富士山の文学　久保田　淳

日本人は富士山をどのように眺め、何を思い、その思いをどんな言葉に託してきたのか。和歌や物語、詩や俳句ほか、古今の作品に記されてきた「富士山」をたどりながら、日本人との関わりを明らかにしていく。